Para
_____

De
_____

Fecha
_____

El Perfil de Un Profeta

Apóstol Dr. Mario H. Rivera

&

Pastora Luz Rivera

**Publicado por
LAC Publications
Derechos reservados**

© 2021 LAC Publications (Spanish Edition)
Primera Edición 2021
© 2021 Mario H. Rivera y Luz Rivera
Todos los derechos reservados.

ISBN: 978-1-735-27446-1

© **Mario H. Rivera y Luz Rivera
Reservados todos los derechos**

Ninguna porción ni parte de esta obra se puede reproducir, ni guardar en un sistema de almacenamiento de información, ni transmitir en ninguna forma por ningún medio (electrónico, mecánico, de fotocopias, grabación, etc.) sin el permiso previo de los editores. La única excepción es en breves citas en reseñas impresas.

Diseño de la portado: Juan Luque

Impreso en USA (Printed in USA)
Categoría: Guerra Espiritual

Índice

1 Capítulo

Los Espíritus de Los Profetas

- Principio profético
- Los espíritus de los profetas están sujetos a los profetas
- Los espíritus de los profetas
- Beneficio de la atmósfera profética
- Espíritu de transformación
- Transformación profética
- Metamorfosis del griego
- La transformación
- El equilibrio profético
- La dinámica de la transformación
- La última transformación del proceso
- Factores de la no transformación
- La transformación de las 12 glorias

2 Capítulo

Transformaciones Proféticas

- El que profetiza es superior
- Las razones de la importancia de la atmósfera profética
- El misterio de la atmósfera profética
- Moisés hombre de atmósfera profética
- Principio profético
- Los espíritus de los profetas
- Espíritu de restitución

3 Capítulo

Las Operaciones de Los Profetas

- Espíritu de remoción
- El momento del rejuvenecimiento
- La maternidad natural o normal

4 Capítulo

La Influencia Sublime de Los Espíritus de Los Profetas

- La sujeción de los espíritus de los profetas
- El que profetiza es superior
- Espíritu de transformación
- Espíritu de restitución
- Espíritu de remoción
- Espíritu de comunión
- La sinergia de Dios
- El poder de la sinergia
- Espíritu de revertir lo negativo
- Espíritu de honra
- Espíritu de victoria

5 Capítulo

Los requisitos para La Activación de Los Dones

- Las escuelas proféticas
- Los dones
- Requisitos de los dones espirituales
- ¿Por qué la fe y para qué los dones del Espíritu?

- Los Discernimientos
- La operación del don de discernimiento
- El requisito llamado discernimiento de espíritus
- El discernimiento de espíritus en el Antiguo Testamento
- La visión de Dios
- Hemisferio derecho
- Vista espiritual
- Visión
- Los sentidos espirituales para lo profético
- Seres tripartitos
- Los 5 sentidos de físicos
- Los 5 sentidos del alma
- Los 5 sentidos del espíritu

6 Capítulo

Los Sentidos Espirituales para Lo Profético

- Ejemplos de cómo usa Dios los sentidos
- El sentido del gusto
- El sentido de la vista
- Los sentidos espirituales

- La activación de los sentidos
- Proceso de purificación
- El oro refinado
- Las 7 razones que impiden la apertura de la vista espiritual
- La importancia de los sentidos espirituales

7 Capítulo

La Dimensión Sensitiva del Vidente

- Los rasgos particulares y distintivos de los videntes y los profetas
- Del profeta
- Del vidente
- La ilegalidad para ver el reino espiritual
- ¿Qué es un vidente?
- Maneras ilegales de ver el mundo espiritual
- Los videntes
- Videntes por herencia generacional
- La comunicación de Dios en la esfera profética
- La dimensión sensitiva del vidente
- Las oraciones para que surjan los videntes

INTRODUCCIÓN

Cuando estudias la Biblia con detenimiento, respecto a la forma como se desenvolvieron los hombres de Dios que El levantó con propósitos debidamente definidos; hombres de la talla espiritual como el Profeta Ezequiel, Isaías, Jeremías y todos los demás profetas que menciona la Biblia en el Antiguo Testamento, puedes notar que hubo en ellos una unción muy especial que los hizo caminar haciendo la obra de Dios, principalmente por el gran privilegio al que fueron llamados: **como la boca de Dios**, por el hecho que El les hablaba qué era lo que debían trasladar a Su pueblo, el Israel natural de aquel entonces; fue una unción que Dios derramó sobre ellos con espíritus que los activaría con un poder para hacer notar que llevaban sobre ellos una insignia divina por el oficio que desempeñaban.

Esos espíritus no tuvieron fecha de caducidad para decir que hoy no pueden estar funcionando en la vida de los profetas del final de los tiempos; por supuesto que es necesario someterte al proceso por el cual llegarás a ser lo que Dios desea ver funcionando en ti; me refiero a experimentar una metamorfosis espiritual que repercuta en espíritu, alma y cuerpo para decir que, siendo hombres y mujeres como todos, tendrás una transformación a partir de tu llamamiento para que seas envestido espiritualmente con una vestidura de Profeta.

Debo hacer hincapié en decir que el derramamiento de los espíritus de los profetas no es un acto de espiritismo porque no es el hecho de invocar el espíritu humano de cada uno de los profetas del Antiguo Testamento, sino, suplicarle a Dios que te derrame de la unción de Sus profetas que describe la Biblia para ser debidamente equipado.

También debo mencionar que, otro de los oficios que Dios permitió desarrollarse junto a aquellos varones destinados para un privilegio tan grande como lo es un Profeta, fue el oficio de Vidente, nombre que en la actualidad se ha desvirtuado por el uso que le han dado las tinieblas; porque es muy usual que haya centros espiritistas donde las personas que están al frente de ese negocio, son llamados videntes; sin embargo, cuando analizas con detenimiento quién era un Vidente en el Antiguo Testamento, puedes notar que incluso, tenían una responsabilidad quizá mayor que la de un Profeta, porque un Profeta es un portavoz de Dios, El le dice qué debe decir y el Profeta debe obedecer a la voz de Dios para decir exactamente lo que recibió para profetizar, no así un Vidente.

La palabra Vidente debe darte la idea que es una persona que puede ver bajo la perspectiva de lo que es una visión, me refiero a que puede ver con los ojos naturales, lo que sucederá a futuro o en el mismo presente y su privilegio radica en trasladarle al pueblo de Dios, la interpretación de esa visión. De aquí puedo decir entonces que, todos los videntes pueden ser profetas, pero no todos los profetas pueden ser videntes porque aún los videntes, en el momento de trasladar la interpretación de la visión que Dios les está permitiendo tener, están siendo **como la boca de Dios**, o sea, teniendo una función de Profeta.

También es importante considerar que para desarrollarte de acuerdo a los propósitos de Dios, son necesarios 3 ingredientes básicos: primero es la fe respecto a lo que Dios te entrega, segundo, un espíritu de discernimiento de espíritus para saber si lo que recibes es de Dios o de tu alma, y tercero, el espíritu de profecía, sería como decir que para que llegue el tercero, es necesario que los anteriores le preparen el camino. Por supuesto que antes de esos 3 ingredientes, deben existir otras cosas dentro de las cuales está en deseo intenso por servirle a Dios bajo una atmósfera profética y que cuides lo que Dios te entregue para convertirte en una persona no contaminable y que la santidad en la que vives sea como una coraza contra los engaños de Satanás.

En este libro encontrarás lo que el Espíritu Santo me ha mostrado juntamente con mi esposa, para considerarse como el perfil de un Profeta de Dios en el final de los tiempos y que puedes tomarlo como la instrucción para continuar tu desarrollo en esta escuela de profetas.

Apóstol Mario Rivera

Los Espíritus de Los Profetas

CAPÍTULO 1

Sin lugar a duda alguna, Dios tiene el control absoluto de todo aunque a veces parezca que no es así, aunque llegues a pensar que te descuidó y por eso estás en medio de una tormenta y que las tinieblas están ensañándose contra ti; Dios sigue en Su trono, El es Todopoderoso y nadie es como El; razón por la cual también conoce qué es lo que Su amada Iglesia necesita tener dentro de su dieta espiritual, razón por la cual hoy empiezo con una nueva serie de literatura profética en pos de fortalecer las bases a este respecto y que no haya nada ni nadie que pretenda confundirte.

De tal manera que en la medida que veo el avance en conocer algunos principios proféticos planteados en la Escuela de Equipamiento Profético, Dios me ha permitido ver lo valioso de este fluir por el poder que el Espíritu Santo puede habilitar en ti conociendo la forma de cómo administrar el don de Dios a favor de la Iglesia de Cristo.

La Biblia permite ver en las experiencias de personajes bíblicos que, cuando Dios llama a un hombre o mujer para que le sirvan en determinada área de Su obra, se suscitarán cambios muy relevantes en sus vidas, por ejemplo: Dios llamó a Saúl y le dijo que habría una transformación en él cada vez que profetizara; es decir, cada vez que una atmósfera profética fuera activada, se activaría aquello que humanamente hablando, es totalmente sobrenatural para que se diera un cambio en su vida.

Pero todo esto conlleva también una responsabilidad muy grande delante de Dios porque no se trata de hablar lo que piensas y llegar a creer que es Dios el que lo está poniendo en tu boca para que lo pronuncies; principalmente sabiendo que a veces hay batallas internas entre el alma y el espíritu humano. De aquí entonces la necesidad de asimilar los parámetros del fluir profético porque como puedes ver en la Biblia, claramente dice que en el final de los tiempos, o sea, lo que se ha convertido en tu diario vivir; derramaría de Su Espíritu Santo y puedo decir que lo está haciendo:

Hechos 2:17-18 (LBA) Y SUCEDERA EN LOS ULTIMOS DIAS—dice Dios— QUE DERRAMARE DE MI ESPIRITU SOBRE TODA CARNE; Y VUESTROS HIJOS Y VUESTRAS HIJAS PROFETIZARAN, VUESTROS JOVENES VERAN VISIONES, Y VUESTROS ANCIANOS SOÑARAN SUEÑOS; **18** Y AUN SOBRE MIS SIERVOS Y SOBRE MIS SIERVAS DERRAMARE DE MI ESPIRITU EN ESOS DIAS, y profetizarán.

Como puedes ver, está refiriéndose a grupos de personas: hijos, hijas, jóvenes y ancianos aunque también se puede ver un desarrollo dentro de la Iglesia así como una forma de testimonio vivo que quedó escrito en la Biblia cuando los profetas del Antiguo Testamento describen sus experiencias a lo cual es necesario prestarle suma atención, con el propósito de captar qué es lo que Dios podría repetir en el final de los tiempos usando tu vida en el ámbito profético.

Ahora bien, como es de tu conocimiento, **Efesios 4:11** describe los 5 ministerios que Dios constituyó dentro de los cuales está el ministerio profético pero no está en un sólo hombre, sino que, es un cuerpo ministerial compuesto por varios profetas que, si bien es cierto cada uno puede estar siendo usado por Dios, debe existir sinergia ministerial, no me refiero a que debe haber alianza con alguien que se diga ser Profeta y no lo sea; sino que de acuerdo a lo que el Espíritu Santo vaya poniendo en el corazón de Sus siervos, así se debe permitir ese mover profético como lo hubo en la antigüedad; fueron profetas que, por la unción de Dios que fluía en ellos, igualmente tuvieron una fuera influencia en hombres que a su vez marcaron regiones y tiempos.

Con esto estoy refiriéndome a los profetas que son conocidos teológicamente como profetas mayores y profetas menores, de lo cual también cabe mencionar que entre ellos no había de mayor rango, todos eran profetas siervos de Dios, cada uno tenía una unción específica de parte de Dios. La teología los identifica como profetas mayores y profetas menores por los libros que Dios permitió que escribieran o que fueran la fuente de inspiración divina para que un escriba los redactara pero eran los profetas los responsables de lo que habría de quedar plasmado en los rollos; entonces unos escribieron más que otros y fue eso lo que vino a incidir para ser identificados entonces como profetas mayores y profetas menores, pero eso es una identificación que se les dio como una forma de identificarlos, en ningún lugar de la Biblia lo dice.

Pero el punto hacia donde quiero llegar es que, las características de todo ese cuerpo ministerial profético de la antigüedad, es como el prototipo de lo que hoy, en el final de los tiempos, Dios permitirá de una sola manera. En la antigüedad cada Profeta tuvo su particular forma de desempeñarse aunque eran siervos de Dios, pero tuvieron su unción particular como ya lo mencioné; para el final de los tiempos que hoy puedes ver que está viviendo toda la humanidad y que también ellos profetizaron, podrás recibir de forma sinérgica la unción del Profeta Ezequiel, Jeremías, Hageo, Habacuc, Amos, Elías, Eliseo, etc., recibirás en una unción especial el producto de esa sinergia; todo eso es a lo que llamo: espíritus de los profetas y que debe estar identificado con lo siguiente:

Principio Profético

Dentro de la atmósfera profética y de las transformaciones proféticas, debes ser conscientes que un Profeta, primero es ministrado por los espíritus de los profetas para después poder ministrar con ellos.

Es posible que haya cristianos que no tengan la secuencia doctrinal que lleva a este principio y eso mismo sea motivo de caer en incredulidad, lo cual es valido porque lo primero que puede llegarse a pensar es que estoy enseñando espiritismo, lo cual es totalmente falso, sin embargo también debes recordar que no puedes basarte en humanismo para encontrarle la razón lógica a las cosas porque en Dios las cosas sobrenaturales son los misterios que el Espíritu Santo te revela oportunamente.

Por supuesto que dentro de todo esto existe el elemento humano lo cual es tu vida física pero cuando eres sumergido en una atmósfera espiritual, es ahí donde entra la unción divina porque siendo humano, de género físico, ministras efectivamente lo espiritual, siendo entonces donde penetra el corazón, los oídos y la mente de la gente que está siendo ministrada por tu persona a través de un don de parte de Dios.

Pero entonces...

¿Cuál es la base bíblica a este respecto?

1 Corintios 14:32-33 (LBA) Los espíritus de los profetas están sujetos a los profetas; **33** porque Dios no es Dios de confusión, sino de paz, como en todas las iglesias de los santos.

1 Corintios 14:32 (Amplificada) ...porque los espíritus de los profetas están sujetos a los profetas [la profecía está bajo el control del hablante, y él puede dejar de hablar]...

Aquí puedes ver cómo es que la Biblia muestra la manera extraordinaria en que la Iglesia de Corinto estaba siendo visitada por el Espíritu Santo y esa era la razón por la que la gente estaba fluyendo con los dones de Dios; aunque también debo mencionar que para ese momento se perdió el orden que debían tener, además que se extendían demasiado porque era mucho el fluir y eso estaba dando lugar confusiones; no obstante debes recordar que Dios no ministra confusión sino que, ministra orden y paz a los corazones; por eso dice que a pesar de que los espíritus de los profetas estuvieran en ese lugar llenando la vida de cada uno de los que estaban ahí reunidos; esos mismos espíritus debían estar sujetos a los profetas que estuvieran presentes físicamente.

Los Espíritus de Los Profetas Están Sujetos a Los Profetas

Entre las personas que tienen experiencias inspiradoras de profecía, lenguas e interpretación de lenguas, es identificable afirmar que el Espíritu Santo está con cada uno y que no se debe apagar el Espíritu, esto obedeciendo lo escrito en la Biblia:

1 Tesalonicenses 5:19 No apaguéis el Espíritu…

Esta actitud de obedecer al Espíritu lleva a que en determinado momento haya abuso de tales dones, lo cual lleva entonces a que surja confusión en la Iglesia.

Es necesario estar consciente que si Dios te está usando para ministrar una profecía, lo primero que se debe manifestar es el orden por cuanto El es ordenado, entonces puedes contener aquella bendición hasta que llegue tu momento de exponer la profecía.

LOS ESPÍRITUS DE LOS PROFETAS

A continuación enlistaré los espíritus que llegan a un Profeta de Dios para operar en la persona que ha sido ordenado para ser Profeta y una vez que ha recibido, pueda convertirse entonces en un vector para ministrar según la necesidad del pueblo de Dios. Por supuesto que aquí solamente describiré los principales, es decir, deben tener una fuerte incidencia en la vida de los profetas:

- ✓ Espíritu de transformación
- ✓ Espíritu de restitución
- ✓ Espíritu de remoción
- ✓ Espíritu de comunión
- ✓ Espíritu de revertir lo negativo
- ✓ Espíritu de honra
- ✓ Espíritu de victoria

Con esto puedes ver entonces que no estoy invocando el espíritu de los profetas del Antiguo Testamento, no estoy haciendo una invocación de muertos, sino que, insisto, lo que operó en ellos, ahora lo hará en ti, tendrás la oportunidad de la sinergia de la influencia que hubo en cada uno de ellos lo cual fue por el poder del Espíritu Santo.

Por eso, después de estos primeros 7 espíritus, pueden venir los 7 espíritus descritos en el libro de Isaías:

Isaías 11:2 (LBA) Y reposará sobre Él el Espíritu del SEÑOR, espíritu de sabiduría y de inteligencia, espíritu de consejo y de poder, espíritu de conocimiento y de temor del SEÑOR.

Así como las 9 manifestaciones del Espíritu según la siguiente cita:

1 Corintios 12:6-9 Y hay diversidad de operaciones, pero es el mismo Dios el que hace todas las cosas en todos. **7** Pero a cada uno se le da la manifestación del Espíritu para el bien común. **8** Pues a uno le es dada palabra de sabiduría por el Espíritu; a otro, palabra de conocimiento según el mismo Espíritu; **9** a otro, fe por el mismo Espíritu; a otro, dones de sanidad por el único Espíritu; **10** a otro, poder de milagros; a otro, profecía; a otro, discernimiento de espíritus; a otro, diversas clases de lenguas, y a otro, interpretación de lenguas.

Con esto puedes ver entonces que un ministro de orden primario llamado por Dios para ejercer bajo el manto de Profeta, no puede ser alguien que se esté inventando las cosas, sino que, tiene sabiduría de parte de Dios porque tiene el espíritu de sabiduría, pero todo esto es sobrenatural. Lo que corresponde entonces es comprender cómo opera el Espíritu Santo cuando empieza a derramar sus dones.

BENEFICIO DE LA ATMÓSFERA PROFÉTICA

Estos son llamados también los beneficios de los profetas y/o los espíritus de los profetas; los cuales actúan para cada Profeta y por medio de los profetas.

1.- ESPÍRITU DE TRANSFORMACIÓN

Uno de los espíritus más importantes de los espíritus de los profetas, es el de **transformación**.

1 Samuel 10:6 (BMN) Entonces se apoderará de ti el espíritu del Señor, profetizarás con ellos y serás transformado en otro hombre.

Dicho en otras palabras, cuando la profecía verdaderamente es de Dios, el vaso que El usa es transformado en otra persona; no es posible que una persona estando en las manos de Dios para hablarle a Su Iglesia, siga siendo la misma que había sido antes; verdaderamente el poder del Espíritu Santo es transformador y cambia a la persona.

Jeremías 15:19 (RV 1960) Por tanto, así dijo Jehová: Si te convirtieres, yo te restauraré, y delante de mí estarás; y si entresacares lo precioso de lo vil, **serás como mi boca**. Conviértanse ellos a ti, y tú no te conviertas a ellos.

No es posible que alguien al que Dios le está confiando que sea como Su propia boca, siga siendo el mismo; tiene que haber una transformación y no por esfuerzo humano, claro que debe haber una disposición en tu corazón, pero esa transformación la realiza Dios. Por supuesto que es comprensible que todo vaya de aumento en aumento como la luz de la aurora hasta que el día es perfecto **(Proverbios 4:18)**, pero en realidad es el Espíritu Santo quien transforma tu vida, aunque también existe una responsabilidad en aquella persona que recibe el don maravilloso de ser como la boca de Dios y es el hecho de apartar lo precioso de lo vil como se lo dijeron al Profeta Jeremías.

Recuerda que Dios es el único que puede discernir tu corazón, si verdaderamente llevas el deseo intenso de fluir como uno de Sus profetas, El te activará; si tu deseo es fluir con el don de profecía, eso activará porque es el receptor que llevas dentro; pero también debes vivir dignamente por lo que Dios te ha regalado; no es posible que hables siendo como la boca de Dios en la Iglesia y fuera de ella seas totalmente la contra parte. Debes esforzarte por ser digno de lo que tienes, aunque es El quien lo regala porque eso le complace, pero aun así, debes caminar rectamente delante de Dios. Debes sentirte honrado por Dios porque eso es realmente, un honra el hecho de que El te haya escogido entre muchos para ser Su portavoz.

Ciertamente dice la Biblia que Dios toma lo vil y menospreciado del mundo, pero para transformarlo y que deje de ser vil y se transforme en Su más preciado tesoro; Dios toma lo vil y menospreciado del mundo para hacerle ver al mundo que no es con su sabiduría, sino por la misericordia de Dios que El levanta del polvo al menesteroso, al necesitado, al que busca una oportunidad más para aprovecharla y ser trasformado.

Es por eso que, si le permites a Dios que trabaje en tu vida para que sea totalmente transformada, empezara por lo espiritual porque primero eres espíritu, después alma y finalmente cuerpo. La Biblia deja ver ese principio cuando dice lo siguiente:

Hebreos 11:3 (LBN) Por la fe conocemos que los mundos fueron organizados por la palabra de

Dios, de modo que **lo visible ha tenido su origen en lo invisible.**

Es como decir entonces que la materia prima de la cual Dios te hizo, es espiritual y partiendo de ahí, tu vida es entonces diferente a la vida de los demás; pero el punto principal ahora es que cuando Dios transforma una vida, no puede seguir siendo la misma aunque el proceso lleve tiempo; habrá cambios significativos porque serás como Su boca, de tal manera que si en Su boca no hay inmundicia, en la tuya tampoco debe haber, ¿cómo lograrlo?, por el espíritu de la transformación que operó en los profetas del Antiguo Testamento.

Cuando vuelves a ver la cita de **1 Samuel 10:6** que describí anteriormente y lees el contexto, puedes notar que Saúl era un pastor de asnas, él andaba entre corrales, su ropa tenía olor a los animales de establos; pero un día Dios lo escoge para que sea rey de Israel y como parte de su proceso, El le dice que profetizará con otros que estaban en una escuela de profetas donde el Profeta Samuel era quien había estado a cargo, era una escuela donde se movía el don de profecía, tenían visiones de profeta, etc.

Ahora observa cómo describe el mismo versículo, otras versiones de la Biblia:

1 Samuel 10:6 (NVI) Entonces el Espíritu del SEÑOR vendrá sobre ti con poder, y tú profetizarás con ellos y **serás una nueva persona**.

1 Samuel 10:6 (SEJ) Y saltará sobre ti el espíritu del Señor; y profetizarás con ellos, **y te mudarás en varón otro**.

1 Samuel 10:6 (TLA) En ese momento el espíritu de Dios vendrá sobre ti y te pondrás a profetizar junto con ellos. A partir de entonces, **tu vida cambiará por completo**.

1 Samuel 10:6 (BNC) El espíritu de Yahvé se apoderará de ti, y profetizarás con ellos y **te transformarás en otro hombre**.

1 Samuel 10:6 (RVA) Entonces el Espíritu de Jehovah descenderá sobre ti con poder, y profetizarás con ellos; **y serás cambiado en otro hombre**.

1 Samuel 10:6 (FTA) Y te arrebatará el espíritu del Señor, y profetizarás con ellos, y **quedarás mudado en otro hombre**.

Lo único que debe haber en tu corazón es la disposición de asimilar ese cambio y esforzarte por no perderlo, retener lo que Dios te permita alcanzar y caminar en pos de la visión que El te permita tener. Dios permitirá la transformación en tu vida para que alcances aquello por lo cual fuiste alcanzado y estando en ese nivel, puedas testificarle a Su Iglesia que Dios puede transformar la vida de todo el que le crea; lo podrás testificar no solamente con tu elocuencia, sino que serás un testimonio vivo, con su forma de vivir, con tu manera de conducirte sin importar al lugar que vayas, todos verán que caminas rectamente delante de Dios porque El permitió en ti el espíritu de transformación.

TRANSFORMACIÓN PROFÉTICA

Volviendo al personaje de Saúl; Dios permite que esté dentro de los profetas haciéndolo fluir como un Profeta; siendo entonces el término hebreo, una palabra que se pronuncia **HAPHAK** y que el diccionario lo tiene identificado con el código 2015, con el siguiente significado:

Cambiar, transformar, transfigurar.

Según el idioma hebreo, dice que es un cambio de dirección, el equivalente a un término griego que en español es **TRANSFORMADOS**:

El diccionario lo identifica con el código 3339, se pronuncia **METAMORPHO** que significa:

Cambiar en otra forma, transformarse, transfigurarse.

El término griego que pronuncia **METAMORPHO**, proviene de la palabra **METAMORFOSIS**.

LA METAMORFOSIS DEL GRIEGO

- **Meta**: indica alteración o cambio.

- **Morphè**: indica forma.

Una metamorfosis es el proceso por el cual un objeto o entidad cambia de forma.

- ✓ Cuando la Biblia dice: transformados... esta diciéndonos metamorfo (metamorfosis).

- ✓ Es decir que no es un sólo cambio, sino un proceso.

- ✓ No puedes dejar de cambiar o transformar tu vida.

✓ Al ser transformado cambia tu punto de vista, cambian tus pensamientos, cambia tu nombre, cambia tu designación.

✓ Eres transformado de gloria en gloria.

El cambio al que se refiere en ambos idiomas, es un cambio de rumbo que te ha llevado a que seas parte de Su pueblo para hablar de parte de Él en el final de los tiempos que hoy estás viviendo; me refiero a que todo lo que los profetas del Antiguo Testamento profetizaron diciendo: en aquellos tiempos... en el final de los tiempos... etc., el tiempo llegó y tú eres parte del pueblo de Dios que tiene el privilegio de ser como Su boca. Es como decir que tendrás el privilegio de pronunciar las últimas advertencias a la Iglesia de Cristo, antes del arrebatamiento, antes de dar inicio la tribulación.

1 Samuel 10:10-11 (RVA) Cuando llegaron a la colina, he aquí que un grupo de profetas venía a su encuentro. Y el Espíritu de Dios descendió sobre él con poder, y él profetizó en medio de ellos. [11] Sucedió que cuando todos los que le conocían antes vieron cómo profetizaba en medio de los profetas, los del pueblo se decían unos a otros: --¿Qué le ha pasado al hijo de Quis? **¿También está Saúl entre los profetas?**

Esta cita te permite ver que, la gente de aquel entonces conocía a Saúl, sabían lo que hacía y lo que no hacía, era alguien insignificante que nunca se interesó en las escuelas de los profetas de ese tiempo, la gente lo sabía por eso se sorprenden cuando lo ven dentro de los profetas, porque para ese momento ya había sido escogido por Dios.

Es lo mismo que puede suceder contigo, la gente que te conoce será sorprendida por todo lo que Dios empezará a hacer contigo como uno de Sus profetas, serán sorprendidos porque te convertirás en la boca de Dios, aunque la gente se burle y no te crean, si lo que hablas es de parte de Dios, sencillamente se cumplirá.

Quizá eres de la gente que no tuvo la oportunidad de haber sido un profesional académico, egresado de una de las mejores universidades del mundo y eso te vetó oportunidades de trabajo donde los salarios son muy ostentosos; no tuviste esa oportunidad por cualquier razón, pero un día te encuentras con Dios y eres llamado a trabajar en Su viña y te ofrece pagar lo que sea justo como dice la parábola de **Mateo 20:4**, y empiezas a caminar bajo la visión divina de Dios donde serás transformado en un ministro de orden primario como Profeta, aunque la gente que te conoció desde la niñez desconfíe de ti, Dios sabe quién eres porque El te formó, sabe de lo que eres capaz en

Su obra por eso te está llamando, solamente debes disponer tu vida y obedecer a Su voz.

No debes sorprenderte de lo que digan los demás, sea para bien o para mal, porque todos son sorprendidos cuando Dios está sobre ti porque eres un vaso de honra en Sus manos y haces cosas extraordinarias pero todo es por la influencia del Espíritu Santo que está en ti; todo será porque has obedecido al llamamiento que te hizo para equiparte y ahora estás siendo transformado en lo que Dios desea que seas.

No debes sorprenderte de lo mal que la gente diga de ti, sorpréndete de las cosas que harás en el nombre de Jesús en obediencia a la palabra de Dios porque El no busca vasos de oro con incrustaciones de diamante, tan solamente busca vasos que quieran llevar Su presencia sobre ellos y que haya una actitud de obediencia y disposición a ser usado en Sus manos y entonces El te llenará de Su unción para hacer Su obra bajo el llamado de un verdadero Profeta que hablará lo que Dios te diga aunque sea para confrontar a personajes como lo hizo Natán con David o como lo hizo Jeremías en su época sin importarle lo que fuera a padecer. Dispón tu corazón y tu vida entera porque el espíritu de transformación que operó en los profetas del Antiguo Testamento, Dios lo está enviando a ti para transformarte en lo que El desea que seas hoy.

La Transformación

El punto principal entonces es que la transformación, es el proceso al que es sometido el hombre y mujer que desea mantenerse en una atmósfera profética. Saúl falló ¿por qué?

o Porque interrumpió su transformación.

✓ No evolucionó, sino que, involucionó.

1 Samuel 28:6-7 (LBA) Y Saúl consultó al SEÑOR, pero el SEÑOR no le respondió ni por sueños, ni por Urim, ni por profetas. **7** Entonces Saúl dijo a sus siervos: Buscadme una mujer que sea médium para ir a consultarla. Y sus siervos le dijeron: He aquí, hay una mujer en Endor que es médium.

✓ Existe un principio en el progreso, resulta que cuando alguien se detiene, no solamente dejó de avanzar, sino que su actitud lo hace retroceder.

✓ El equilibrio profético está basado en fluir con el don y experimentar cambios.

✓ No puedes conformarte con lo que hayas experimentado hasta hoy, debes buscar llenarte de Dios cada día para que esa transformación vaya de aumento en aumento hasta que la luz que hay en ti, sea perfecta.

EL EQUILIBRIO PROFÉTICO

Es tener y fluir en el don y dar frutos en tu vida, esos son los resultados de los cambios o de las transformaciones.

- Un ejemplo de esto lo puedes ver en Aarón, quien ministraba al pueblo después de que él era ministrado por Dios.

- Es importante la transformación, el sumo sacerdote, en el borde de su vestido tenía una campanita y una granada.

Éxodo 28:34-35 (RVA) …campanilla de oro y granada, luego campanilla de oro y granada, alrededor de los bordes de la túnica. [35] Aarón las llevará cuando ministre. Su sonido se oirá cuando entre en el santuario delante de Jehovah, y cuando salga, para que no muera.

- ✓ La campanita es el don.

- ✓ La granada es el fruto.

Dones y frutos deben combinarse, de lo contrario, de nada serviría sólo el don sin frutos, es un sonido que retiñe.

Las campanas son el sonido con el que el hombre y mujer de Dios suenan para ministrar.

Cuando suenas sólo con el don y sin frutos de **TRANSFORMACIÓN**, estás fuera de equilibrio o balance; pero cuando suenas con el don en la misma proporción del fruto, tu voz cambiará la atmósfera que prevalece.

LA DINÁMICA DE LA TRANSFORMACIÓN

La Biblia dice que la transformación de Dios es de gloria en gloria.

- o El espíritu de Dios trae la gloria que transforma.

2 Corintios 3:18 (LBA) Pero nosotros todos, con el rostro descubierto, contemplando como en un espejo la gloria del Señor, estamos siendo transformados en la misma imagen **de gloria en gloria, como por el Señor, el Espíritu**.

- Eres transformado de gloria en gloria, es decir que viene una gloria tras otra hasta llegar a 12 glorias.

- Por eso debes comprender que esa transformación, si bien es cierto que debe haber una disposición en tu vida; verdaderamente depende de Dios, de tal manera que solamente te queda ver tu vida siendo transformada porque ayer eras una persona y hoy eres otra; ayer estabas inundado de amargura y hoy rebosas de dulzura porque Dios te ha transformado.

Una de las primeras cosas que deben ser transformadas es la mente.

Romanos 12:2 (LBA) Y no os adaptéis a este mundo, sino **transformaos mediante la renovación de vuestra mente**, para que verifiquéis cuál es la voluntad de Dios: lo que es bueno, aceptable y perfecto.

✓ Eso implica tus pensamientos, tus ideas, tu mentalidad.

✓ Si cambia tu mente, cambia tu alma; si cambia el alma, cambia la vida.

- ✓ Hay gente que suena fuerte proféticamente, pero su mentalidad no cambia.

- ✓ Si la mente no cambia, la ideología es incorrecta, la filosofía es incorrecta o errónea.

LA ÚLTIMA TRANSFORMACIÓN DEL PROCESO

1 Corintios 15:51-52 (LBA) He aquí, os digo un misterio: no todos dormiremos, pero todos **seremos transformados** [52] en un momento, en un abrir y cerrar de ojos, a la trompeta final; pues la trompeta sonará y los muertos resucitarán incorruptibles, y nosotros seremos transformados.

- ✓ La primera: debe haber una transformación en el corazón (Saúl).

- ✓ Entre la primera y última: en la mente (Romanos 12:2).

- ✓ Entre la primera y última: otra en el alma (Consecuencia de la mente).

- ✓ La última: otra completa (antes y para el arrebatamiento).

FACTORES DE LA NO TRANSFORMACIÓN

Es pensar que todo lo negativo que ha pasado en tu vida, llega el momento en que se considera de la siguiente forma:

- Pensar que lo malo que te pasa es normal.
- Pensar que el fracaso en tu vida es normal.
- Pensar que las fallas son normales, el pecado, la pobreza, la tristeza, la humillación, que se burlen de ti, que no prosperes, etc.

Es por eso que Dios ordena que lo primero que debe ser transformado, es la mente.

En el último tiempo que vive actualmente la Iglesia de Cristo, Dios derramará Sus 12 glorias por causa del tiempo y para que sean manifestadas en la Tierra.

Romanos 8:18-21 Pues considero que los sufrimientos de este tiempo presente no son dignos de ser comparados con la gloria que nos ha de ser revelada. **19** Porque el anhelo profundo de la creación es aguardar ansiosamente la revelación de los hijos de Dios. **20** Porque la creación fue sometida a vanidad, no de su propia voluntad, sino por causa de aquel que la sometió, en la esperanza **21** de que la creación misma será también liberada de la esclavitud de la corrupción a la libertad de la gloria de los hijos de Dios.

LA TRANSFORMACIÓN DE LAS 12 GLORIAS

En la Biblia existen 12 palabras que significan gloria, no solamente las usuales que son Kavod y Doxa.

- o Las 12 glorias son las ministraciones de parte de Dios por el espíritu de transformación que viene sobre el hombre y mujer de atmósfera profética.

✓ La transformación dará lugar a que muchas cosas que no tuviste, lleguen a tu vida.

✓ Las glorias transforman, pero también traen bendiciones y muchas otras cosas que no llegaban sin la transformación.

Isaías 60:1-2 (LBA) Levántate, resplandece, porque ha llegado tu luz y **la gloria del SEÑOR** ha amanecido sobre ti. ² Porque he aquí, tinieblas cubrirán la tierra y densa oscuridad los pueblos; pero sobre ti amanecerá el SEÑOR, **y sobre ti aparecerá su gloria.**

¿Cuáles son las 12 glorias a las que me refiero?

1. Howd: H1935 esplendor, ciñe de alegría.
2. Kabod: H3519 honor, algo pesado.
3. Tipharah: H8597 esplendor, madurez espiritual.
4. Tohar: H2892 brillo, pureza.
5. Hadar: H1926 ornamento, belleza.
6. Paar: H6286 adorno, muestra de gloria.
7. Shabach: H7623 triunfo, mantener, pacificar.
8. Tsbiy: H6643 belleza, honor.
9. Addereth: H155 cobertura, manto.
10. Kabad: H3513 honor, abundancia, multiplicación.
11. Netsach: H5331 perdurable, duradero.
12. Halal: H1984 brillo, ser hecho.

Existe una gloria que sólo aparece en las traducciones bíblicas en Arameo, esta es la gloria **Shekinah**. Tiene la misma raíz que el hebreo "Shakan" (H7931) que significa: habitación.

La gloria Shekinah contiene las 12 glorias de Dios y se traduce como **Majestad visible de la presencia divina**.

Era la gloria Shekinah sobre el arca del pacto **(Éxodo 25:22)**, sobre los cielos **(Salmos 8:1)**, sobre tu vida **(Isaías 60:2)**, en el cielo **(Ezequiel 9:3),** etc.

¿Qué trae el espíritu de transformación que trabajó en la vida de los profetas del Antiguo Testamento? Todo lo descrito en este primer capítulo lo cual, como puedes ver, está la transformación de las 12 glorias que también tú puedes experimentar, solamente dispón tu vida para que Dios la transforme en lo que El desea para que camines como un Profeta del final de los tiempos.

Transformaciones Proféticas

CAPÍTULO 2

Es ineludible el deseo del corazón Dios respecto a bendecirte en todo momento, lo cual incluye el hecho de que estés habilitado en aquello que es eterno y que para tus ojos puede ser como una situación sobrenatural, aun operando de forma individual, familiar y a nivel de todo el cuerpo de Cristo, porque a pesar de todo, existe una sola Iglesia de Cristo independientemente de los rangos; al final puedo decir que eso es algo que El reconocerá en el momento de la entrega de los galardones, por supuesto que todo depende de Dios si estás en Sus manos, pero también debe haber algo que se llama, deseo intenso por alcanzar aquello por lo cual fuiste alcanzado; partiendo de ahí entonces tendrás tu galardón.

Pero el punto es que, desde el momento en que Dios te llama para que seas el vaso de honra en Sus manos, y si es el caso que serás ungido como uno de Sus profetas, serás como Su boca; por tu boca Dios hablará pero para eso es necesario el proceso de equipamiento que estás adquiriendo lo cual incluye tu familia, ciertamente la salvación es personal, pero El no te llama para que disuelvas tu hogar, por el contrario, con el llamamiento que Dios te haga, tu familia también será bendecida al punto en que, cada uno tendrá la oportunidad de tener un despertar al deseo de incorporarse a la obra de Dios.

Esto sin contar que el siervo de Dios que Él levanta en una congregación, se constituye en una bendición de parte Suya por cuanto es un regalo para determinada región dentro de un estado o un país. De tal manera que hoy mismo ya eres un regalo de Dios para la región donde vives y/o te congregas porque estás atrayendo la presencia de Dios sobre tu vida y aquel lugar no puede seguir siendo igual, debe experimentar un cambio que, si bien es cierto puede llevar un proceso, un día se concluirá y verás entonces la bendición que significas para el lugar donde vives, trabajas, estudias, te congregas, etc., aunque se oponga quien se oponga, tú representas una bendición de parte de Dios.

Debes recordar que Dios usó gente de Estados Unidos de América para llevar el evangelio al resto del continente americano; lamentablemente por el engaño de Satanás, la cimiente de aquella gente que no le importó dejarlo todo con tal de servirle a Dios en calidad de misioneros, evangelistas, etc.; esa cimiente se desvió y hoy día existe mucha oposición en contra del evangelio del Señor Jesucristo, sin embargo, esa misma situación se puede convertir en una puerta de bendición, en una oportunidad que puedes aprovechar para ser uno de los activadores de la bendición postrera para que aquello que salió de esa nación, lo reciban de regreso haciendo que la luz de Jesús vuelva a alumbrarles y regresen al camino.

Es por eso que debes hacer vida en tu corazón lo que le dijeron al Profeta Jeremías: **...si apartas lo precioso de los vil, serás como mi boca.**

Jeremías 15:19 (Amplificada) Por tanto, así dice el SEÑOR a Jeremías: "Si te arrepientes y abandonas esta actitud equivocada de desesperación y autocompasión, entonces te restauraré a un estado de paz interior para que puedas estar delante de mí, como mi representante obediente; y **si separas lo precioso de lo inútil examinándote a ti mismo y limpiando tu corazón de dudas injustificadas acerca de mi fidelidad, te convertirás en mi portavoz**. Deja que la gente se dirija a ti y aprenda a valorar mis valores - Pero tú, no debes volverte a ellos con respecto a su idolatría y maldad.

Por eso es importante que sigas aprendiendo acerca de los espíritus de los profetas porque Dios ha permitido que sea activada una atmósfera profética con el propósito que haya un cambio en la vida de los profetas para lo cual, obviamente es necesario volver el corazón hacia Dios y ver en la Biblia qué es lo que dice respecto al fluir profético; de tal manera que empezaré a describir entonces el siguiente versículo que tomaré como base en este capítulo:

1 Corintios 14:5 (LBA) Yo quisiera que todos hablarais en lenguas, pero aún más, **que profetizarais**; pues el que profetiza es superior al que habla en lenguas, a menos de que las interprete para que la iglesia reciba edificación.

Definitivamente que, si Dios ha depositado en ti un don, eso es algo extraordinario que resalta entre los demás como lo describe la Biblia en este versículo. Sin embargo, el don de profetizar es mayor poder e importancia en comparación de los demás dones; es más, el mismo versículo señala claramente que, el don de profetizar es mayor que las lenguas, considerando que son lenguas angelicales y no obstante que son de carácter sobrenatural porque es Dios quien inspira a una persona para que hable esas lenguas.

También debes comprender que, la persona quien interpreta lenguas angelicales, tiene el mismo nivel de importancia de la persona que habla en lenguas, me refiero a que puede ser que una persona hable lenguas angelicales pero no las puede interpretar y otra persona será entonces quien las interprete y ambos tienen la misma importancia; pero si no hay quién las interprete, entonces el que tiene el don de profecía, puede interpretarlas siendo una persona con un nivel espiritual mayor que los 2 anteriores. Obviamente que para tener ese nivel de espiritualidad es necesario que haya intimidad con Dios para que sepa en realidad qué es lo que El desea hablarle a Su pueblo, a la Iglesia de Cristo.

Por eso dice la Biblia que se deben examinar las profecías para tomar lo bueno y desechar lo malo **(1 Tesalonicenses 5:20-22)**, de tal manera que puedo decir que es responsabilidad de toda la Iglesia si de pronto surge una falsa profecía, no solamente un falso Profeta, sino alguien que pretenda hacerle creer a la Iglesia, que tiene el don de profecía, cuando la realidad es que se está inventando las cosas porque no es de Dios, no tiene comunión con Dios.

En cuanto a lo que dice el versículo anterior, quiero hacer énfasis a la palabra **SUPERIOR**:

Código en el diccionario: **G3187**

Pronunciación: **meízon**

Significado: Es más, es mayor, es más grande, más voluminoso en un sentido comparativo, que tiene una posición superior, mayor en edad por implicación madurez.

Un punto muy importante es el hecho de saber cuándo entregar una profecía y no lanzarla dejándote llevar por un impulso en tu alma; por supuesto que esto se logra con la madurez; tampoco estoy diciendo que si eres principiante en estar ejerciendo el don de profecía, no puedas tener la libertad de lanzar en cualquier momento una profecía. Considero que primero debes estar seguro que es Dios el que te está hablando para que puedas profetizar y luego saber en qué momento hacerlo.

Por eso es importante alcanzar a recibir los espíritus que tuvieron los profetas porque son como una extensión que Dios usó con ellos para llevarlos a la madurez ministerial necesaria en sus vidas y hoy están disponibles para que ayuden en tu vida ministerial como Profeta o bien dentro de tu desarrollo teniendo en don de profecía, lo cual debes recordar que son 2 cosas diferentes aunque en algún momento pueden estar íntimamente relacionadas.

El que tiene el don de profecía, no precisamente es un ministro de orden primario bajo el manto de Profeta; sin embargo, el que es Profeta propiamente como ministro de orden primario, debe tener activado el don de profecía. Esto es algo que debes considerar para no confundir a la gente que profetiza, quizá muchos profetizan en la congregación, pero no todos son profetas de orden primario.

Ahora observa lo que dice la Biblia respecto al orden de la profecía:

1 Corintios 14:32-33 (LBA) Los espíritus de los profetas están sujetos a los profetas; **33** porque Dios no es Dios de confusión, sino de paz, como en todas las iglesias de los santos.

1 Corintios 14:32 (Amplificada) …porque **los espíritus de los profetas** están sujetos a los profetas **la profecía está bajo el control del hablante**, y él puede dejar de hablar…

La Biblia versión Amplificada deja ver esa separación, entre los profetas y los que tienen el don de profecía, son 2 grupos diferentes que, si bien es cierto el que tiene el don de profecía podría estar siendo equipado para ejercer un ministerio de orden primario como Profeta, no significa que todo el que tiene el don de profecía es Profeta bajo el ministerio de orden primario.

El Que Profetiza Es Superior

Ahora bien, bajo la perspectiva que ya describí, exponiendo en que, el que profetiza es mayor, debes saber el por qué lo dice la Biblia, para lo cual es necesario conocer un poco más a ese respecto:

1 Corintios 14:1-2 (LBA) Procurad alcanzar el amor; pero también desead ardientemente los dones espirituales, **sobre todo que profeticéis**. ² Porque el que habla en lenguas no habla a los hombres, sino a Dios, pues nadie lo entiende, sino que en su espíritu habla misterios.

Uno de los puntos que puedes notar con toda claridad en esta cita es que, debe haber un deseo intenso que arda en ti por alcanzar los dones espirituales, pero sobre todo, que tengas el don de profetizar, ese don está por encima de todos aunque, todos son de bendición, pero de alguna forma Dios permite que sobresalga y de aquí puedo recordar entonces que, el que tiene el don de profetizar, si es de Dios la profecía, está siendo usado por El y es el vaso que está usando, el siervo que está tomando en Sus manos para la profecía de determinado momento, es como Su boca, aunque eso no significa que lo esté certificando como ministro primario en el nivel de Profeta, aunque podría ser que sea un Profeta el que esté siendo usando en determinado momento, en tal caso no hay más que decir; pero insisto en esa diferencia para que no haya confusiones.

1 Corintios 14:3-5 (LBA) Pero **el que profetiza habla a los hombres para edificación**, exhortación y consolación. **⁴** El que habla en lenguas, a sí mismo se edifica, pero **el que profetiza edifica a la iglesia**. **⁵** Yo quisiera que todos hablarais en lenguas, **pero *aún más*, *que profetizarais***; pues el que profetiza es superior al que habla en lenguas, a menos de que *las* interprete para que la iglesia reciba edificación.

Es interesante que la palabra **EDIFICACIÓN**, de una forma transliterada del idioma hebreo, lleva el concepto de arquitectos, de ahí la relación entonces que los arquitectos son los que edifican; entonces los que profetizan lo hacen bajo una perspectiva de edificación; dicho de otra forma, los que tienen el don de profecía, Dios los está llamando y/o equipando a que sean como Sus arquitectos edificadores no destructores, son equipados para consolar, animar, dar esperanza, para mostrar las misericordias de Dios, para testificarle a la Iglesia de Cristo en tiempo que actualmente se vive, para decirle al pueblo de Dios que es parte de un plan divino donde no hay plan B porque a Dios nadie le estropea Sus planes, El es Todopoderoso, Soberano, estuvo, está y seguirá en Su trono gobernando toda la creación dentro de la cual estás tú que ya fuiste trasladado del nivel de creatura, a hijo de Dios y como hijo, tienes Padre, el Padre de todos los espíritus, Dios mismo.

Otra de las cosas que son muy interesantes, es que, si profetizas, si tienes el don de profetizar, tienes el privilegio de edificar a la Iglesia, eso permite que te conviertas en un brazo ministerial pastoral, porque una de las tareas del pastor es que edifique a la Iglesia de Cristo, de hecho **Efesios 4:11-12** dice claramente que los 5 ministerios son para la edificación de la Iglesia, y si el que profetiza edifica a la Iglesia, entonces sin necesidad de ser ministro primario puede estar obrando de una forma muy importante en el amor de Dios para Su Iglesia.

Recuerda que el ministerio pastoral es para edificar no para destruir, no para esclavizar, no para controlar tu vida; tú eres novia del Señor Jesucristo que está siendo debidamente preparada, este es el tiempo de la preparación del grupo de cristianos que serán protagonistas juntamente al Señor Jesucristo, en la bodas del Cordero, pero para eso, como novia y futura esposa del Señor Jesucristo, debes ser debidamente adornada de acuerdo a lo que la Biblia dice, porque es para gusto de Dios y no del ministro alguno.

LAS RAZONES DE LA IMPORTANCIA DE LA ATMÓSFERA PROFÉTICA

Volviendo a la cita anterior, en el versículo 5 puedes ver que hay un deseo intenso en que todos profeticen, pero ¿cuál es el fundamento para decir que todos profeticen?, aunque también es necesario considerar este versículo:

Proverbios 29:18 (BNC) Sin profecía el pueblo va desenfrenado; pero el que guarda la ley, dichoso él.

Proverbios 29:18 (LBA) Donde no hay **visión**, el pueblo se desenfrena, pero bienaventurado es el que guarda la ley.

Es interesante que la palabra **VISIÓN** tenga las siguientes características:

Código del diccionario: **H2377**

Pronunciación: **chazown {khaw-zone'}**

Significados: **visión, oráculo, profecía (comunicación divina)**

Debo hacer mención que los oráculos son como los archivos divinos que descienden con mensajes escritos al corazón y mente del hombre y mujer de Dios para que traslade determinado mensaje.

Cuando un hombre o una mujer de Dios aprenden a aplicar la dimensión profética, Dios los honra, ¿por qué?, porque es ahí donde se aplicarán los niveles de Sus principios, los niveles del honor, los niveles de autoridad, los niveles de las leyes espirituales, los niveles de fe, etc.

Para ninguno debería ser de nuevo el saber que cuando una persona comete un error, sea cual sea, nunca falta quién lo señale como una falta grave y si le es posible lo hace del conocimiento de una comunidad a manera de deshonrar a esa persona y destruirla para que haya una deshonra sobre su vida como un estigma de por vida; de tal manera que si eso impacta la vida de aquella persona, hará que se sienta indigna de todas las bendiciones que Dios tenga preparadas para que las goce, pero por esa deshonra, la persona se priva, se aísla, se retrae, aunque Dios lo ministre para levantarlo del lugar donde haya caído, la persona prefiere estar en el mismo estado de aislamiento, quizá ya no en el mismo estado pecaminoso, pero por la deshonra se siente indigno.

Pero Dios que es experto en imposibles, toma a lo vil y menospreciado del mundo para avergonzar a lo que es, a lo que se cree más sabio que El; es ahí donde estando en la dimensión profética, Dios decide honrar a quien El quiere y como El quiere, sin que haya quien le diga lo contrario. De tal manera que Dios empieza a levantar tu testimonio, tu nombre, tu prestigio y a poner en tu corazón para que se haga vida lo dicho en la Biblia: **...las** cosas viejas pasaron, he aquí todas son hechas nuevas (2 Corintios 5:17 R60).

Si dice la Biblia que **todas** las cosas son hechas nuevas, debes comprender que **todo**, es un absoluto, no hay condicionantes porque lo que haces es bajo la guianza del Espíritu Santo. Por supuesto que nunca faltará quién pretenda hacer entrar en duda a los demás respecto a tu vida, pero también debes recordar que, si la gente dudó de Jesús, ¿quién eres tú o quién soy yo para que no duden los demás?, por supuesto que no estoy diciendo con esto que le pongas atención al diablo, al contrario, no pongas atención a sus mentiras y a la gente que él usa como acusador.

Mateo 13:53-56 Y sucedió que cuando Jesús terminó estas parábolas, se fue de allí. **54** Y llegando a su pueblo, les enseñaba en su sinagoga, de tal manera que se maravillaban y decían: ¿Dónde obtuvo éste esta sabiduría y estos poderes milagrosos? **55** ¿No es éste el hijo del carpintero? ¿No se llama su madre María, y sus hermanos Jacobo, José, Simón y Judas? **56** ¿No están todas sus hermanas con nosotros? ¿Dónde, pues, obtuvo éste todas estas cosas? **57** Y se escandalizaban a causa de Él. Pero Jesús les dijo: No hay profeta sin honra, sino en su propia tierra y en su casa. **58** Y no hizo muchos milagros allí a causa de la incredulidad de ellos.

Esto me deja ver entonces que la atmósfera profética comienza con una medida de fe que el diablo pretenderá destruir para que abandones el don de profecía que Dios te ha confiado o el llamamiento ministerial al que has sido llamado y en el que actualmente estás siendo equipado. El diablo utilizará el vaso de deshonra que se quiera dejar usar por Satanás, pero tú debes estar firme en lo que Dios ya empezó a hacer en tu vida y la honra que El te ha dado es mayor que la murmuración de todo el mundo incluyendo a las tinieblas.

Claro que la cita anterior está refiriéndose a la incredulidad que surge primeramente en tu propia casa, tu familia y amigos más cercanos, no creerán que Dios te pueda usar como Su boca para profetizar; también el mundo se opondrá porque desconocen el poder de Dios y las maravillas que ha hecho en ti porque no quieren nada con la luz debido a las tinieblas que llevan dentro. Pero nada de eso es más poderoso que la palabra de Dios, de tal manera que si El dijo que quien profetiza es digno de honra, sencillamente así es, ¿por qué?, porque Dios lo dijo y eso es suficiente para que sea verdad.

Romanos 12:6 (RVA) De manera que tenemos dones que varían según la gracia que nos ha sido concedida: Si es de profecía, **úsese conforme a la medida de la fe**...

Esto significa que, entre más se incrementa tu medida de fe, más habilidad habrá por medio de la profecía para establecer lo que aún no existe en la Tierra.

También significa que, cada día que aumenta tu fe, tu espíritu y mente está alcanzando mayor capacidad para profetizar y establecer lo que contiene la atmósfera profética.

Lo diré de otra manera, el hombre o mujer con atmósfera profética, vive en una realidad presente viendo espiritualmente el futuro que Dios les está mostrando para Su pueblo.

El Misterio De La Atmósfera Profética

El futuro de todo hombre o mujer con verdadera atmósfera profética, le demandan que declare de parte de Dios, lo que está en el futuro para que se pueda establecer en la Tierra. Es como decir por la fe, que se atraigan las cosas del siglo venidero para el presente. ¿Cómo funciona esto? Lo explicaré de la siguiente forma:

La salud divina es para el milenio, es una salud que no permitirá enfermedad alguna en la vida.

La sanidad divina es cuando alguien que tiene dones de sanidad, ora por una persona que está enferma y en el nombre de Jesús se sana.

Entonces, atraer del siglo venidero las cosas para hoy, es atraer la salud divina, que no haya enfermedad que te atrape en ningún momento en el nombre de Jesús.

MOISÉS HOMBRE DE ATMÓSFERA PROFÉTICA

Pero aún estamos con la interrogante sin responder, acerca del por qué dice la Biblia que existe el deseo de que todos profetizaran, para lo cual es necesario ver algunos versículos en el Antiguo Testamento de lo que escribió Moisés, de quien la Biblia dice que no hay otro Profeta como lo fue Moisés; de aquí puedo decir entonces que él tuvo entendimiento acerca de la atmósfera profética:

Números 11:16-17 (RVA) Entonces Jehovah dijo a Moisés: --Reúneme a setenta hombres de los ancianos de Israel, a quienes tú conozcas como ancianos y oficiales del pueblo. Tráelos al tabernáculo de reunión, y que se presenten allí contigo. **¹⁷** Yo descenderé y hablaré allí contigo, tomaré del Espíritu que está en ti y lo pondré en ellos. Luego ellos llevarán contigo la carga del pueblo, y ya no la llevarás tú solo.

Números 11:24-25 (RVA) Entonces Moisés salió y dijo al pueblo las palabras de Jehovah. Reunió a setenta hombres de los ancianos del pueblo y los hizo estar de pie alrededor del tabernáculo. **²⁵** Entonces Jehovah descendió en la nube y le habló. Tomó del Espíritu que estaba sobre él y lo puso sobre los setenta ancianos. **Y sucedió que cuando el Espíritu posó sobre ellos, profetizaron; pero no continuaron haciéndolo.**

✓ **Los 70 dejaron de profetizar en el tabernáculo**

Lamentablemente ese tipo de situaciones no son solamente parte de la historia bíblica, sino que, la Biblia misma dice que todo eso son como sombra de lo que ha de venir **(Colosenses 2:17)**, pero también lo dice de una forma mucho más directa en otro versículo:

1 Corintios 10:11 (LBA) Estas cosas les **sucedieron como ejemplo**, y fueron escritas como enseñanza para nosotros, para quienes ha llegado el fin de los siglos.

Entonces, si quedaron escritas como ejemplo, hoy debes cuidarte en no caer en aquellas situaciones negativas, de tal manera que si hoy estás activando con el don de profecía, debes cuidarte en todo lo que puedas para que ese don no se apague y que abandones el privilegio que tienes de profetizar de parte de Dios, trasladar un mensaje profético de parte de Dios a Su Iglesia.

Una de las situaciones que surgen en el corazón de muchos que profetizan, es que les toca el ego, hasta el punto de llegar a pensar que ese don es propio, que es parte de su propio ingenio o fabricación y les gusta que los adulen por la forma en la que Dios los está usando; olvidando precisamente eso, es Dios el que los está usando por el don que les ha activado, que ha depositado en ellos.

Por eso mismo insisto en que debes cuidar el don de Dios que hay en ti, como dice la Biblia, aviva el fuego del don de Dios que hay en ti, ¿cómo?, buscando y llenándote cada día más de Su presencia para que al profetizar, sea la voz de Dios y no la de tu alma; de tal manera que si cuidas esa situación, no habrá lugar para el engaño del diablo en darle lugar a tu ego, sino que, sabrás que es Dios el que habla y tú eres el vaso con el que Él se deleita trasladando un mensaje a Su Iglesia.

Números 11:26 (RVA) Pero en el campamento habían quedado dos hombres: **uno se llamaba Eldad, y el otro Medad.** Sobre ellos también se posó el Espíritu. Ellos estaban entre los que habían sido inscritos pero que no habían ido al tabernáculo, **y comenzaron a profetizar en el campamento.**

✓ **Aquí se levantaron otros profetizando**

Este versículo me deja ver que hay muchos que desean formar parte de aquellos que son usados por Dios con el don de profecía, es más, anhelan el misterio primario de Profeta, pero se sienten indignos y quizá eso mismo hace que vean el mover del Espíritu Santo estando lejos. Sin embargo, es Dios el que conoce el corazón de cada uno para activar el don de profecía, para equipar a los que tienen el deseo ardiente de servirle a Dios en el ministerio de Profeta, de tal manera que les puede conceder la activación que desean porque no depende de un hombre, sino de Dios que es grande en misericordia.

Números 11:27-28 (RVA) Entonces un joven corrió e informó a Moisés diciendo: --¡Eldad y Medad profetizan en el campamento! **28** Luego intervino Josué hijo de Nun, quien era ayudante de Moisés, desde su juventud, y dijo: --¡Señor mío, ¡Moisés, impídeselo!

Aquí puedes ver que siempre ha existido gente que quiere oponerse a la voluntad del Espíritu Santo cuando quiere activar a una persona que está fuera de los límites que el hombre ha impuesto; lo peor de todo es que, son gente que no activan en nada dentro de la congregación y pretenden estorbar lo que Dios desea hacer; por supuesto que Dios es ordenado, pero no hay hombre que le pueda decir cómo hacer las cosas.

Debes cuidarte de ese tipo de gente porque incluso Josué, un siervo de Dios, intervino delante de Moisés para que aquellos que estaban profetizando, no continuaran fluyendo. Esto me deja ver que el engaño puede llegar incluso a los que están al frente de una congregación, a los principales, a los que tienen la unción de Dios para discernir quién puede y quién no puede profetizar.

Números 11:29 (KDSH) Pero Moshe respondió: "¿Eres tú tan celoso en protegerme a mí? **¡Yo quisiera que todo el pueblo de YAHWEH fueran profetas!** ¡Quisiera que YAHWEH pusiera su Ruaj en todos ellos!"

La respuesta que estabas esperando respecto al deseo de que todos profetizaran, descrita en **1 Corintios 14:5**, está en este versículo del Antiguo Testamento, podría decir que, lo dicho por Moisés en el Antiguo Testamento, lo recordó Pablo en el Nuevo Testamento, considerando que el Apóstol Pablo era un erudito en la Torá, sabía entonces lo que Moisés había dicho siendo Profeta.

Ahora bien, te preguntarás el por qué de que todos profetizaran, si algunos tienen una vida pasada que no es muy honrosa; es aquí donde puedo volver a mencionar que Dios usa a lo vil y menos preciado del mundo; si a Jesús, siendo Dios, el mundo lo menospreció, El que era y es digno de toda gloria, honra y honor fue menospreciado; entonces cómo no esperar el desprecio del mundo si en algún momento quizá has cometido un pecado y los que te conocen se han encargado de propagarlo para que haya deshonra en tu vida y que eso te prive de avanzar en el llamamiento que Dios te ha hecho.

Pero debes saber entonces que si te reconoces necesitado y dependiente de Dios en todo momento, es El quien usará tu vida para bendición de toda la Iglesia de Cristo, aunque haya en el corazón de muchos la duda respecto a que Dios esté usando vasos que fueron de deshonra en su vida pasada; El te usará porque el versículo que dice: **el que está en Cristo nueva creatura es, he aquí todas las cosas son hechas nuevas...** ese versículo sigue vigente y es aplicable a tu vida, de tal manera que aunque otros duden de ti por la forma en que Dios te está; solamente debes tomarte fuerte de la mano de Dios y saber que seguirás dependiendo de El y que el don que fluye a través de tu vida, es Suyo y usará tu vida si te dispones a servirle con todo tu corazón; recuerda siempre que El te llenará con Su inspiración.

Principio Profético

Por todo lo que ya expuse, debes recordar que existen principios que deben tener lugar para que las cosas fluyan adecuadamente. Uno de esos principios proféticos y que mencioné en el capítulo anterior, es que dentro de la atmósfera profética y de las transformaciones proféticas, debes ser consciente que el profeta, primero es ministrado por los espíritus de los profetas para que después pueda administrar con ellos.

Debo mencionar también que, cuando hablo de los espíritus de los profetas, no estoy refiriéndome a que debes tener sobre tu vida el espíritu del Profeta Ezequiel, Jeremías, Isaías, etc., porque eso sería una especie de espiritismo. Los espíritus que operaban sobre los profetas del Antiguo Testamento son las unciones que Dios les permitió tener para desarrollar su ministerio.

LOS ESPÍRITUS DE LOS PROFETAS

Existen varios espíritus que operaron sobre la vida de los profetas, son espíritus que Dios envía según es la necesidad, pero de todos esos espíritus, existen 7 principales que operan primeramente en el Profeta de Dios, es decir, deben hacer algo en la vida de esos varones antes de continuar con su desarrollo ministerial.

- ✓ Espíritu de transformación
- ✓ Espíritu de restitución
- ✓ Espíritu de remoción
- ✓ Espíritu de comunión
- ✓ Espíritu de revertir lo negativo
- ✓ Espíritu de honra
- ✓ Espíritu de victoria

Esta lista la describí en el primer capítulo, también mencioné que después de la ministración de estos primeros 7 espíritus, podrían venir los 7 espíritus de **Isaías 11** y las 9 manifestaciones del Espíritu de **1 Corintios 12:6-10**.

También puedes recordar que describí **el espíritu de transformación** que te llevará al nivel de ser otro hombre:

1 Samuel 10:6 (BMN) Entonces se apoderará de ti el espíritu del Señor, profetizarás con ellos y **serás transformado en otro hombre**.

Uno de los ejemplos que podría citar es la vida de Saúl, que siendo pastor de asnas, Dios lo transforma en otro hombre, deja el oficio que tenía dentro de su familia y empieza a caminar en otro fluir, es entonces cuando empieza a profetizar; pero el punto fue la influencia del espíritu de transformación.

2.- ESPÍRITU DE RESTITUCIÓN

El segundo espíritu que te enseñaré está relacionado con la protección que tienes de parte de Dios:

Génesis 20:7-8 (LBA) Ahora pues, **devuelve la mujer al marido, porque él es profeta** y orará por ti, y vivirás. Mas si no la devuelves, sabe que de cierto morirás, tú y todos los tuyos. [8] Abimelec se levantó muy de mañana, llamó a todos sus siervos y relató todas estas cosas a oídos de ellos; y los hombres se atemorizaron en gran manera.

✓ **Dios le ordenó a Abimelec a devolviera la mujer al profeta**

Uno de los beneficios sobre un Profeta de Dios, es que tiene Su protección sobre su matrimonio y si aún es soltero y dentro de los planes de Dios está que Su siervo contraiga matrimonio a su debido tiempo; aunque ni siquiera conozca a la persona que Dios ha destinado para que sea su cónyuge, El la cuidará; pero bajo la perspectiva de que el Profeta sea casado, El enviará un vallado angelical alrededor de su matrimonio.

Debes comprender que esto es un principio, Dios enviará Su protección sobre Su siervo Profeta, sea hombre o mujer, el cónyuge de cualquiera de los 2, estará protegido, dicho en otras palabras, si la esposa es la que está fluyendo bajo el llamamiento profético, su esposo será protegido; obviamente que si es el esposo el que está fluyendo como Profeta o con el don de profecía, entonces su bendición será que habrá un vallado alrededor de su esposa.

¿Cuál es el beneficio de este espíritu?

- ✓ Restitución de lo dañado, de lo perdido, se regresará o se le restaurará al profeta.

Porque cada vez que activa la atmósfera profética, aunque haya cosas que se le oponen o intentan dañarlo, Dios lo retornará independientemente que sea Profeta hombre o mujer.

Joel 2:25 Y os restituiré los años que comió la oruga, la langosta, el pulgón, y el revoltón; mi grande ejército que envié contra vosotros.

Debe haber una comunión íntima entre Dios y tu persona donde solamente ustedes saben esa conversación que le has expuesto a Dios sobre aquello que el enemigo te ha robado; hoy puedo decirte que si le permites a Dios el fluir profético en tu vida, Él se encargará de devolverte todo lo que el enemigo te robó, sea esto emocional, salud, familia, trabajo, honra, etc.

Debo insistir en hacer mención de un punto que quizá pueda ser motivo de confusión aunque ya lo empecé a explicar: uno es el don de profecía y otro es el ministerio de Profeta. Puede ser que haya un grado de confusión en saber cuáles son los beneficios de ambos o si bien, son los mismos; para lo cual quiero decirte que cuando una persona profetiza, es Dios quien está usando su boca como si fuera la boca de Dios, esto basándome en lo que Dios le dijo al Profeta Jeremías.

Además, quien tiene el don de profecía, de alguna manera puedo decir que está siendo conducido hacia el ministerio profético de orden primario, por supuesto que debe haber un equipamiento, una preparación que los siervos de Dios podamos brindar al que está siendo llamado por Dios; pero el punto es que los beneficios que existen entre el grupo de siervos con el don de profecía y el grupo de siervos con ministerio de Profeta, partiendo en que ambos son boca que Dios usa como propias, tienen los mismos beneficios.

De tal manera que entonces debes disponer tu vida y reposar en las manos de Dios sabiendo que es El quien tiene el control de tu vida y que sin saberlo, desde que estabas en el vientre de tu mamá, fuiste apartado por Dios para ser como Su boca.

¿Tienes el don de profecía?, considéralo como el inicio de la preparación de lo que puede llegar a ser un ministerio de Profeta de orden primario, si está dentro de los planes de Dios. Despójate de tu pasado, de toda acusación que el enemigo haya pretendido sembrar en tu alma para impedirte avanzar y hacerte creer que no tienes honra para servirle a Dios. Créele a El y has vida en tu corazón que hoy eres nueva creatura y no hay quién te señale de lo que pudiste haber hecho en tu vida pasada sin Jesús en tu corazón; solamente sujétate fuertemente de Su mano y camina escuchando Su voz para profetizar lo que El te diga en todo momento.

Las Operaciones a Los Profetas

CAPÍTULO 3

Uno de los puntos que necesito insistir es que, al hablar de los espíritus de los profetas, no es que se deba invocar a los espíritus propiamente de cada uno de ellos: el espíritu de Ezequiel, Jeremías, Isaías, etc., no es eso a lo que me he referido, sino a los espíritus que descendían sobre ellos con diferentes unciones para que pudieran realizar su oficio de Profeta de acuerdo a los deseos de Dios, espíritus que mencioné oportunamente y aclarando también que los principales son 7, de los cuales ya expliqué es **el espíritu de transformación y el espíritu de restitución**.

Otro de los puntos que quiero mencionarte nuevamente es el hecho que la Biblia dice a través del Apóstol Pablo, que existía un fuerte deseo en que todos profetizaran, un deseo que este varón pudo ver escrito en el Pentateuco, dentro de los escritos que Dios le dio a Moisés; donde también pudiste ver que originalmente fue cierto grupo de varones a los que Dios les permite una transferencia del espíritu de Moisés sobre ellos y así llegaron a profetizar.

Sin embargo, hubo 2 personajes que quedaron fuera de ese grupo, pero eso no les impidió que por el deseo intenso de querer ser usados por Dios en la profecía, no lo recibieran; al contrario, empezaron a profetizar y hubo hombres que los acusaron con Josué y este los acusó con Moisés porque según ellos, estaban fuera de orden. La realidad es que no lograron entrar dentro del grupo de los 70 ancianos pero eso no les apagó el fuego del don de Dios que ya existía en ellos, lo único que sucedió fue que el Espíritu de Dios se los activó, no dentro del grupo de los 70 hombres escogidos por Moisés, sino que, tuvieron la bendición de que Dios llegó hasta el lugar donde estaban y ahí les cayó la unción de aquel momento.

Ahora bien, lo asombroso de esto es el significado del nombre de estos varones que describe **Números 11:26**, porque denota entonces ese fuego intenso por recibir la activación del don de profetizar:

Eldad significa: **a quien Dios ama**

Medad significa: **amor**

Eso me deja ver entonces que, además que es obvio que Dios conoce el corazón de cada uno de Sus siervos, de alguna manera puedo decir que sin importar el proceso por el que pases o dejes de pasar, el sello de Dios sobre tu vida hará que seas activado por el Espíritu Santo con Su don para lo cual fuiste considerado por Dios; eres un vaso de honra en las manos de Dios y sin importar lo que diga el mundo, El te usará porque para eso fuiste creado, eres un vaso para recibir el don de profecía.

Otro de los puntos que no puedo dejar de recordar es que, el segundo espíritu que favorece a los profetas, lo que es del profeta, hombre o mujer; es protegido de parte de Dios. Recordarás que expuse como ejemplo la vida de Abraham y su esposa Sara, donde también intervino Abimelec quien la tomó por mujer por una situación que tuvo lugar en ese momento.

3.- ESPÍRITU DE REMOCIÓN

Por supuesto que por la historia bíblica, todo parecería que sucedió de un día para otro, sin embargo, por la cita que describiré, puedo decir que de algún modo Abraham permaneció en aquella región por varios meses, consecuentemente Sara estuvo dentro del harem de Abimelec también por mucho tiempo y mientras eso sucedió, hubo algo que no progresaba dentro de la casa de Abimelec:

Génesis 20:17-18 (LBA) Abraham oró a Dios, y **Dios sanó a Abimelec, a su mujer y a sus siervas; y tuvieron hijos**. ¹⁸ Porque el SEÑOR había cerrado completamente toda matriz en la

Las Operaciones a Los Profetas

casa de Abimelec por causa de Sara, mujer de Abraham.

Observa entonces lo que sucedió por la oración del Profeta de Dios:

- ✓ La oración de Abraham, el Profeta, removió la esterilidad de la esposa de Abimelec.

- ✓ Otro beneficio para un hombre o mujer con atmósfera profética es que sobre ellos está un espíritu de remoción.

Aunque Sara estaba formando parte de las mujeres que tenía Abimelec para ese entonces, no era parte del plan de Dios que procreara hijos con Abimelec, pero consecuentemente, también le cerró la matriz a la esposa de aquel varón; hubo esterilidad en la casa de Abimelec lo cual incluyó a Sara y toda la casa de Abimelec. Entonces, ante esta situación, puedo pensar que Sara estuvo varios meses cerca de Abimelec, puedo pensar que no la tomó por mujer solamente una vez.

Cuando observas nuevamente el contexto bíblico, puedes ver Dios le advierte a Abimelec que le devolviera la esposa al Profeta, o sea, Abraham; con eso no moriría Abimelec, además Abraham oraría por él para que sanara y para que su casa fuera fructífera.

Entonces otro de los beneficios de los profetas es que, además de que le restituyen lo que le pertenece, tiene la autoridad y el poder de parte de Dios para remover aquello que es un obstáculo para las bendiciones de Dios, para la fructificación.

Otro de los beneficios del hombre o mujer que está fluyendo proféticamente, es que está constantemente dando cosas nuevas; un Profeta cambia los tiempos, tiene la cualidad y el poder de parte de Dios de traer cosas del siglo venidero al presente, lo que alguien está necesitado de recibir.

El espíritu de remoción tiene la cualidad de parte de Dios de lo siguiente:

- ✓ Donde hay esterilidad, sequedad, y no hay fructificación, operará el espíritu que removerá todo mal.

- ✓ Se remueven aquellas cosas que impiden la vida, los frutos etc.

- ✓ Por eso, después Dios bendice a Abraham con su primogénito, removió la esterilidad de la casa del Profeta. Primero el Profeta Abraham remueve la esterilidad de las mujeres de Egipto siendo estéril su esposa

Sara, pero después por la obediencia que tuvo, Dios le permite fructificación.

- ✓ Las peticiones del corazón de un Profeta son respondidas por Dios cuando está fluyendo la unción profética sobre los demás porque El se ocupa de tus asuntos más íntimos, de aquello que solamente saben Dios y tú, cuando estás enfocado en aquello por lo cual fuiste alcanzado; esas son las operación de los espíritus de los profetas.

Recuerda que Dios honra a los que lo honran; los honra con la ministración de los espíritus de los profetas, por eso la esterilidad de Sara fue eliminada:

Génesis 18:11-14 Abraham y Sara eran ancianos, entrados en años; y a Sara le había cesado ya la costumbre de las mujeres. **12** Y Sara se rió para sus adentros, diciendo: **¿Tendré placer después de haber envejecido, siendo también viejo mi señor? 13** Y el SEÑOR dijo a Abraham: ¿Por qué se rió Sara, diciendo: "¿Concebiré en verdad siendo yo tan vieja?" **14** ¿Hay algo demasiado difícil para el SEÑOR? Volveré a ti al tiempo señalado, por este tiempo el año próximo, y Sara tendrá un hijo.

EL MOMENTO

DEL REJUVENECIMIENTO

Hay momentos donde Dios te activa el tiempo del rejuvenecimiento para que cumplas con el propósito que tiene para ti. Por eso, a los que se les asigna una tarea, comisión o función, Dios les ministra energía divina.

LA MATERNIDAD NATURAL O NORMAL

Sara ya había pasado por la edad normal para tener hijos, ya no tenía la costumbre de las mujeres, es decir la menstruación. Podría surgir la interrogante:

¿Y si es mayor de 35 años? A partir de esa edad va aumentando progresivamente el riesgo de alteraciones en el número de los cromosomas del embrión.

- ¿Es preferible renunciar a la maternidad a partir de los 40 años?

- Una mujer puede quedar embarazada y tener hijos hasta que llega la menopausia, es decir, hasta que deja de ovular. Esto puede pasar entre los 40 y los 52 años, según cada persona.

- No obstante, con las técnicas de reproducción asistida actuales, una mujer podría quedar embarazada por fecundación aunque ya no ovule.

- La edad fértil de la mujer va desde la menarquía o primera menstruación hasta la menopausia o el fin de la misma.

- Para que una mujer pueda quedar embarazada de manera natural, es necesario que haya ovulación ya que, para lograr un embarazo, debe haber un óvulo vivo en las trompas de Falopio al que pueda fecundar un espermatozoide.

A los 99 años de edad de Abraham y 89 de Sara, Dios les permitió la promesa de descendencia:

Génesis 17:1-2 Cuando Abram tenía noventa y nueve años, el SEÑOR se le apareció, y le dijo: Yo soy el Dios Todopoderoso; anda delante de mí, y sé perfecto. ² Y yo estableceré mi pacto contigo, y te multiplicaré en gran manera.

El hijo nació a la edad de 90 años de Sara, según **Génesis 21:5**, Abraham tenía cien años cuándo le nació su hijo Isaac.

Debo insistir en esto:

El espíritu de remoción es quitar todo impedimento que no permite ver toda clase de frutos de parte de Dios; por supuesto que no se trata solamente de engendrar hijos, sino que, todo aquello que toques, donde impongas manos de parte de Dios y guiado por el Espíritu Santo, habrá fructificación, sea de vida por descendencia, en el área económica, componiendo Salmos para Dios, como Profeta llevando la visión a Su Iglesia, enseñando la palabra de Dios respecto a los tesoros ocultos para otros pero revelados para ti, etc.

Por eso es necesario que sea removida la amargura o cualquier otro impedimento que esté deteniendo la fructificación de parte de Dios. Si dispones tu vida para fluir en lo profético, Dios removerá toda limitación que te está deteniendo la fructificación, por eso es importante que estés en la voluntad de Dios, que asimiles Sus planes para que todo fluya y que los estorbos sean eliminados.

Dios ministró a los profetas del Antiguo Testamento con el espíritu de remoción y hoy lo ministrará también sobre tu vida, quitando primero todo aquello que te ha limitado, que te ha estorbado para fructificar, sea lo que sea, lo hará porque ve en tu corazón la disposición que tienes para fluir proféticamente.

La Influencia Sublime de Los Espíritus de Los Profetas

CAPÍTULO 4

Las Influencias de Los Espíritus Vivos o de Los Muertos

Me es menester con gozo el hecho de dejar por escrito las bendiciones que Dios está trayendo a Su pueblo, la Iglesia de Cristo, porque considero que este tipo de bendiciones no solamente son para que las recibamos un grupo de personas, sino que, el Espíritu Santo ha puesto en mi corazón el hecho de continuar escribiendo libros, ahora fluyendo en el río de Dios con la unción profética para que seas equipado tú, que tienes un deseo ardiente en el corazón por alcanzar un nuevo nivel espiritual.

Obviamente que le has servido a Dios con todo tu amor y El ha visto de esa manera lo que haces en Su obra; sin embargo también ha visto que tienes la disposición por continuar aprendiendo y ser equipado adecuadamente hasta llegar incluso, a desarrollar un ministerio profético de orden primario, un nivel de servicio distinto a lo que hasta hoy le has servido, razón por la cual entonces, obedezco a mi Señor Jesucristo para que este libro sea una herramienta más en tu vida cristiana.

Es por eso que, cuando Dios envía un nuevo fluir para que sea desarrollado, se convierte en una carga pero no a la manera del mundo, sino, como Jesús dijo en los evangelios: **...mi yugo es fácil y mi carga es ligera...** y antes de esas palabras también dice que tomando Su yugo, hallaremos descanso para nuestras almas, lo cual me permite ver entonces que, las cosas a las que eres llamado dentro del servicio a Dios, traen gozo como lo es para mí la impartición del equipamiento profético que hoy estoy dejando como parte de la literatura cristiana que he desarrollado en los últimos años.

La Sujeción De Los Espíritus De Los Profetas

1 Corintios 14:32 (LBA) Los espíritus de los profetas están sujetos a los profetas; **33** porque **Dios no es Dios de confusión, sino de paz**, como en todas las iglesias de los santos.

Cuando examinas el contexto de este versículo, puedes notar que Dios está enfatizando acerca de que la profecía no es para crear confusión, basado en que los espíritus que traen la unción de Dios sobre los profetas, deben sujetarse a ellos; debe desarrollarse en pos de traer edificación, exhortación y consolación; fuera de eso, la profecía puede traer confusión, poner inquietud o preocupación en la vida de aquella persona que está necesitada de una respuesta de parte de Dios; quizá alguien o muchos están esperando escuchar la voz de Dios porque han estado en medio de la peor tormenta de sus vidas y anhelan escuchar Su voz confirmándoles que deben esforzarse, que pronto saldrán de esa tribulación y con eso Dios pone de Su bálsamo en los corazones.

La paz llega entonces como consecuencia de que tu vida esté siendo levantada, edificada, como consecuencia de que seas exhortado, palabra que lleva implícito el significado de animar a la persona para que los embates de la vida no lo dobleguen, sino que sean para confirmar que está siendo preparada y capacitada como un guerrero espiritual de parte de Dios. Por eso es que la paz de Dios sobrepasa todo entendimiento y debes permitir que llene tu corazón, de tal manera que sin importar la tormenta que se haya desatado en tu vida, los ojos de tu corazón estarán siempre en el Señor Jesucristo, sabiendo que Él no permitirá que tu barca se hunda.

Pero es necesario que consideres estos puntos y los hagas vida en tu corazón para que las tinieblas no te engañen como ha sucedido en algunas congregaciones donde, de manera inmisericorde, gente que ha fluido con el don de profecía, se levanta condenando a otro, cuando la función de la profecía dentro del culto no es esa; ha habido gente que se siente tan firme y creen que no caerán jamás; espero que así sea, pero la Biblia misma permite ver que se debe tener mucho cuidado en el sentido que, solamente Jesús tuvo, tiene y tendrá la solvencia para condenar y si Él no lo hace,

¿quiénes podríamos ser nosotros para hacerlo con otro?

Si alguien tiene el don de profecía, debe cuidar su don para que no sea contaminado, para que no lo use a favor personal para reclamarle a otros lo que lleva en su alma quizá como un resentimiento. En tal caso, lo mejor es instruir a esa persona con el propósito que fluya de acuerdo a los propósitos de Dios porque el don es Suyo y no algo que se haya desarrollado humanísticamente hablando.

La profecía de parte de Dios trae las 3 características que ya describí, no es para destruir porque en tal caso la influencia no sería de parte de Dios sino de las tinieblas; por eso debes cuidar tu don en todo momento porque, si el que profetiza es superior a otros que tienen otros dones, como lo deja ver la Biblia; eso podría dar lugar a que haya cierto enseñoramiento de unos sobre otros porque además de pretender estarle señalando los pecados a otros, también quieren que se les honre, pero si la gente está pretendiendo profetizar de parte de Dios y su profecía no viene de El, sencillamente están fuera del orden divino.

EL QUE PROFETIZA ES SUPERIOR

Debo hacer énfasis en esto: si alguien tiene el don de profecía, guarda celosamente su don profético en el sentido que no se deja contaminar, guarda su vida para que sea solamente Dios el que lo use y fluye dentro de los parámetros bíblicos; si regularmente lo escuchas, principalmente si está en la misma congregación donde asistes, esa persona es digna de honra porque es superior a otros con otro tipo de dones; de otra manera puedo decir que si alguien no lo hace de esa manera, sencillamente está fuera de lugar.

Cuando un hombre o una mujer de Dios aprenden a aplicar la dimensión profética, Dios los honrará.

¿Por qué Dios honra?

Porque ahí se aplicarán los niveles de Sus principios, los niveles del honor, los niveles de Su autoridad, los niveles de las leyes espirituales, los niveles de fe, etc.

Mateo 13:53-57 Y sucedió que cuando Jesús terminó estas parábolas, se fue de allí. **54** Y llegando a su pueblo, les enseñaba en su sinagoga, de tal manera que se maravillaban y decían: ¿Dónde obtuvo éste esta sabiduría y estos poderes milagrosos? **55** ¿No es éste el hijo del carpintero? ¿No se llama su madre María, y sus hermanos Jacobo, José, Simón y Judas? **56** ¿No están todas sus hermanas con nosotros? ¿Dónde, pues, obtuvo éste todas estas cosas? **57** Y se escandalizaban a causa de El. Pero Jesús les dijo: **No hay profeta sin honra**, sino en su propia tierra y en su casa. ⁵⁸ Y no hizo muchos milagros allí a causa de la incredulidad de ellos.

El punto principal que debes saber de la atmósfera profética, es que comienza con una medida de fe, eso significa que no debes ver en vaso, sino el favor de Dios sobre el vaso que El ha tomado para bendecir tu vida, de otra manera puedes caer en el mismo error de la gente que cayó en un nivel de incredulidad sobre Jesús.

Debes saber que en Jesús se movían los 5 ministerios porque fue El quien los estableció, El es Dios y en El no hay sombra de duda; pero para aquel momento donde estaba fluyendo bajo la unción profética, está diciendo que a todo Profeta le acreditarían incredulidad, principalmente los cercanos, los familiares, los amigos por los niveles de confianza que en algún momento desarrollan.

Sin embargo Dios permite que haya honra para Sus profetas porque son como Su boca, son Su portavoz, por eso los que han desarrollado el don de profecía deben caminar rectamente delante de Dios, deben ser personas íntegras, etc., para que la gente, cuando los escuche fluir en la profecía, reciba lo que Dios está hablando a través de ellos.

Mateo 10:41 El que recibe a un profeta como profeta, **recibirá recompensa de profeta**; y el que recibe a un justo como justo, recibirá recompensa de justo.

Si puedo parafrasear este versículo, puedo decir que, quien reciba la profecía del que tiene el don de profecía, tendrá su respectiva recompensa de parte de Dios, ¿por qué?, porque con el fluir que está permitiendo, representa una bendición para la congregación donde está derramando la profecía de parte de Dios, donde los 7 espíritus de parte de Dios que son enviados a los profetas, son ministrados a la Iglesia de Cristo donde está fluyendo el Profeta o la persona con el don de profecía que, como lo he dicho oportunamente, son 2 personas distintas unidas por un don.

Observa el significado de los siguientes términos:

Recibir a un profeta: G1209 déjomai: recibir literalmente o figurativamente): percibir, recibir, tomar, **aceptar**.

Con esto puedo decir entonces que, si aceptas a un Profeta como Profeta, aceptas la profecía que pueda traer de parte de Dios, aunque, como ya lo mencioné también, esas personas que están caminando en ese fluir, tienen que estar conectados espiritualmente hablando con Dios, de otra manera estará contaminado el don que Dios le ha confiado, porque Dios no necesita de tu conocimiento humanista para que traslades un mensaje a Su Iglesia, sino que, el mensaje viene de parte de Dios y lo que El dice eso se cumple porque poderoso es para hacer que todo se cumpla a cabalidad.

Ahí es donde se cumple la palabra de Dios que dice, que es necesario que El fluya para que yo vaya menguando pero eso se puede lograr solamente si tienes conexión espiritual con Dios en todo momento.

Por otro lado, si la gente que está cerca del que está fluyendo de parte de Dios con una profecía, si no logran discernir esa palabra, se quedarán sin la recompensa de lo que eso atrae a sus vidas.

Recompensa de profeta: G3408 misdsós: aparentemente palabra primaria; paga por servicios (literalmente o figurativamente), premio, recompensa, recompensar, salario, galardón, jornal.

Cuando eres reverente a la profecía y glorificas a Dios por ese mensaje que tanto esperabas, El levantará un vaso para que se cumpla el propósito por el cual Sus profetas están en determinado lugar, eso significa que puedes recibir una profecía de parte de Dios en cualquier lugar y tu espíritu sabrá que es Dios el que te está hablando; por eso mismo es que no debes menospreciar los vasos que Él levanta, sino más bien, escúchalo todo y discierne si verdaderamente viene de parte de Dios. Esto es uno de los beneficios de tener la capacidad de recibir una profecía, ser sensible ante la voz de Dios, reverente al mensaje de Dios.

Entonces, todo esto significa que Dios honra a los profetas para que aquellos que los reciben, de los profetas reciba las ministraciones con la que ellos son ministrados; ellos dan de lo que tienen, de lo que Dios ha depositado en sus corazones.

Amo 3:7 Ciertamente el Señor DIOS no hace nada sin **revelar su secreto a sus siervos los profetas.**

2 Crónicas 20:20 …Confiad en sus profetas y triunfaréis.

Esto me deja ver que Dios, no solamente quiere que escuches lo que te hablará a través de Sus profetas, sino que, también leas lo que está escrito en la Biblia en los libros que escribieron Sus profetas, porque con eso estás marcando un equilibrio para saber si lo que una profecía en este tiempo es pronunciada de parte de Dios, tiene el espíritu como en aquel entonces.

Las Influencias de Los Espíritus Vivos o de Los Muertos

El deseo del corazón de Dios es que seas bendecido en todos los ámbitos de la vida, de tal manera que deja abierta una puerta para que así sea como lo puedas ver en **2 Crónicas 20:20**. Lamentablemente no en todas las congregaciones existe el fluir profético, sea por lo que sea. El problema es que ante la ausencia de ese fluir, esa congregación está abstenida de los beneficios que existen en una atmósfera profética, es más, si no tienen la bendición de un fluir profético, difícilmente creerán en que funcione ese ministerio o que haya un don que fluya como tal.

Mateo 23:37 ¡Jerusalem, Jerusalem, que **matas á los profetas**, y apedreas á los que son enviados á ti! ¡cuántas veces quise juntar tus hijos, como la gallina junta sus pollos debajo de las alas, y no quisiste!

Jerusalén significa: ciudad fundad en paz, sin embargo por falta de discernimiento, falta de espiritualidad, falta de comunión con Dios, perdieron la dirección de sus vidas y aunque tenían el sello de paz, terminaron matando a los que Dios les había enviado en calidad de Su portavoz.

Lucas 11:47-51 ¡Ay de vosotros! que edificáis los sepulcros de los profetas, y los mataron vuestros padres. **48** De cierto dais testimonio que consentís en los hechos de **vuestros padres; porque á la verdad ellos los mataron,** mas vosotros edificáis sus sepulcros. **⁴⁹** Por tanto, la sabiduría de Dios también dijo: **Enviaré á ellos profetas y apóstoles**; y de ellos á unos matarán y á otros **perseguirán; ⁵⁰** Para que de esta generación sea demandada **la sangre de todos los profetas**, que ha sido derramada desde la fundación del mundo; **⁵¹** Desde la sangre de Abel, hasta la sangre de Zacarías, que murió entre el altar y el templo: así os digo, será demandada de esta generación.

En los días de Su ministerio, Jesús le dijo a Jerusalén que sus padres habían matado profetas, habían quedado como desprotegidos porque no permitieron que los profetas los edificaran, exhortaran y consolaran, lejos de eso los apedrearon y los mataron.

Hoy nuevamente se presenta la oportunidad a la Iglesia de Cristo para que sea beneficiada por los profetas que Dios está enviando, por supuesto que Satanás también está enviando sus falsos profetas porque lo que él quiere es confundir al pueblo de Dios, pero por eso es que El está derramando dones como el don de discernimiento de espíritus con lo cual puedes discernir quién es boca de Dios y quién es la boca de Satanás, para que haya bendición de Dios y no maldición de las tinieblas.

Por eso debes estar presto a escuchar la voz de Dios, tener íntima comunión con Dios para que, al llegar una palabra que no es de El, la rechaces en el nombre de Jesús y puedas cerrar tus sentidos espirituales y evitar con eso la contaminación que eso pueda causar.

1.- ESPÍRITU DE TRANSFORMACIÓN

Este es el primero de los 7 espíritus de los profetas que no son los espíritus humanos de los profetas del Antiguo Testamento como lo he mencionado en repetidas ocasiones; aunque parezca que estoy redundando, prefiero recordártelo para que no haya confusión entre lo que puede parecer espiritismo y lo que verdaderamente es la ministración de los 7 espíritus en los profetas de parte de Dios y que ahora vienen a que puedas tener la unción que tuvieron aquellos varones.

En **1 Samuel 10:6 (BMN)** es mencionado el primer espíritu el cual tiene la cualidad de transformarte de lo que antes eras y que a través de los tiempos, Dios ha permitido un cambio en tu vida, aunque también cuando profetizas, eres llevado a otro nivel espiritual bajo esa misma unción de transformación.

Es por eso que uno de los índices donde puedes ver si una persona es Profeta o tiene el don de profecía, es viendo su caminar, observa si verdaderamente cambió en dejar lo que antes era, aunque también debe haber testimonio en el Profeta y saber que eso no es un juego. Recuerda que Dios es amor y puede levantarte si caes, poderoso es Dios para hacerlo; pero si estás jugando con el pecado, Dios también es fuego consumidor.

Saúl tuvo la oportunidad de su vida, pudo llegar a ser un Profeta como uno de los profetas del Antiguo Testamento, pero su transformación se vio pausada por él mismo; es más, después de eso, estando en el reino, lo pierde por desobedecer al Profeta Samuel cuando le había entregado una orden de parte de Dios. Entonces, pierde la oportunidad de ser Profeta y pierde el reino por rebelde.

Eso me deja ver entonces que debes tener un espíritu sensible y obediente para poner por obra la palabra de Dios en todo momento porque no solamente se trata de que alguien tenga elocuencia y esté vacío por dentro; es mejor que hable poco pero sustancioso y espiritual de parte de Dios.

2.- ESPÍRITU DE RESTITUCIÓN

Otro de los beneficios de un Profeta o alguien con el don de profecía, es el espíritu de restitución. Esto lo expliqué ampliamente en los capítulos anteriores donde hablé como ejemplo la vida de Abimelec quien toma por mujer a Sara, esposa de Abraham, pero se la devolvió porque Dios le advirtió que, si no lo hacia, Dios mataría a Abimelec; esto sin contar que, mientras Sara estuvo con Abimelec, su casa fue estéril.

Joel 2:25 Y os restituiré los años que comió la oruga, la langosta, el pulgón, y el revoltón; mi grande ejército que envié contra vosotros.

Dios puede restituir aquello de lo que te privó el enemigo en el pasado, esa restitución es parte de los beneficios de la gente que está fluyendo proféticamente.

3.- ESPÍRITU DE REMOCIÓN

También tuviste la oportunidad de ver los beneficios de este espíritu que anula todo aquello que está impidiendo que avances, que tengas fruto.

Antes de continuar con el siguiente espíritu, debo hacerte recordar de un principio profético:

Dentro de la atmósfera profética, los profetas primero reciben; es decir, debes ser consciente que un Profeta primero es ministrado por los espíritus de los profetas para que después ministre de lo que recibió de parte de Dios, esto es parte entonces de lo que tiene un Profeta de parte de Dios y de lo que puede ministrar en orden divino.

4.- ESPÍRITU DE COMUNIÓN

Usaré como ejemplo a Saúl, solamente que en este punto lo haré de manera positiva, es decir, en sus principios y ver la oportunidad que tuvo. En Saúl puedes ver el principio de los espíritus de los profetas.

1 Samuel 10:5 (LBA) Después llegarás a la colina de Dios donde está la guarnición de los filisteos; y sucederá que cuando llegues a la ciudad, **allá encontrarás a un grupo de profetas** que descienden del lugar alto con arpa, pandero, flauta y lira delante de ellos, y **estarán profetizando**.

Dios le dijo a Saúl: **...encontrarás a un grupo de profetas...** otras versiones dicen compañía de profetas. Con esto Dios está dándote a comprender que, la atmósfera profética implica muchos, a una agrupación.

Lo que puedo ver aquí es que, cuando Dios llama a una persona para que le sirva como Profeta o con el don de profecía; lo está llamando a que suba a las alturas donde se convertirá en Su boca; ese es el llamado que Dios te está haciendo hoy, por eso debe haber un fuego intenso en tu corazón por alcanzar cada vez más de Dios, no puedes seguir siendo como un cristiano dentro de un gran conglomerado, tienes un llamado al que debes responderle a Dios haciendo un esfuerzo por subir al lugar alto como lo estaban aquellos profetas que describe el versículo anterior.

Por eso el que profetiza es mayor, digno de honra aunque no la exigirá, sino que los demás verán en ti que se mueve el Espíritu Santo, verán que has muerto a tus deseos para cumplir los de Dios, lo cual no es fácil, no es tan sencillo como parece, solamente alguien que esté ardiendo de amor por Dios en su corazón está dispuesto a hacer Su voluntad.

Otra característica que veo dentro de este espíritu es que la gente que está siendo llamada a servirle a Dios dentro del fluir profético, ya sea como ministerio primario o solamente con el don de profecía; debe llamar a la unidad, a la comunión; un verdadero Profeta no llama a la división. La Iglesia de Cristo es llamada a permanecer en unidad porque de esa manera puede alcanzar una multiplicación de fuerza inexplicable.

El espíritu de comunión es como un conglomerado, así como un racimo de frutos que tienen el mismo sabor, de la misma forma Dios permite que haya unión fraterno ministerial y permite la sinergia con los que logramos asimilar de la misma forma Su enseñanza, abriendo brecha para bendiciones inimaginables bajo una misma atmósfera profética.

Eso sin contar que la bendición de unidad será también en el ámbito familiar; quizá en tu familia haya problemas de cualquier índole y eso ha hecho que surja división, pero por la bendición que representas por el fluir profético, en medio de toda tu familia, todo será restaurado en el nombre de Jesús. Una de las tareas del Profeta o de aquel que tiene el don de profecía, es que mantenga la comunión con Dios por sobre todas las cosas, con su familia y con los hermanos en Cristo, eso permitirá unidad y fortaleza espiritual lo que se expandirá hacia todas las área de tu vida.

La Sinergia De Dios

Efesios 1:10 ...con miras a una buena administración en el cumplimiento de los tiempos, es decir, de **reunir todas las cosas en Cristo**, tanto las que están en los cielos, como las que están en la tierra.

La sinergia es una de las más poderosas armas pero pocos lo entienden.

Las Influencias de Los Espíritus Vivos o de Los Muertos

- ✓ La palabra **sinergia** es tomada de la palabra **sunergos #4904**, en el idioma griego se traduce en la escritura con el siguiente significado:

    o Trabajar juntos, trabajando con o laborar con otro.

    o Viene de Sun #4862 que significa unir y de ahí emerge la palabra sinergia.

El espíritu de comunión que desciende de parte de Dios sobre la vida de un Profeta o alguien con el don de profecía, procura la unidad en su casa y la congregación con lo cual se convierten en una especie de arquitectos para edificar a la Iglesia de Cristo.

Sunergos viene a ser el poder activado a través de la participación de 2 o más.

La sinergia tiene 2 maneras:

Primero: ocurre cuando aquellos que aman Dios, son llamados según Sus propósitos.

- ✓ Trabajan juntos con el Señor para hacer avanzar Su Reino en la Tierra (**Romanos 8:28**).

Segundo: la sinergia tiene lugar cuando cuando hay unidad con otros que tienen tu mismo fluir en el corazón y mente.

- ✓ Este tipo de sinergia se ilustra cuando los discípulos y seguidores de Jesús se encontraron juntos de acuerdo en la oración y súplica y el Espíritu Santo sopló poderosamente en el día de Pentecostés sobre ellos.

- ✓ La sinergia es la conexión que lleva a unir a otros, en resumen, su significado es la unión de lo siguiente:

    o Personas
    o Fuerzas
    o Propósito
    o Fe
    o Unidad

Hechos 2:1-4 (LBA) Cuando llegó el día de Pentecostés, estaban todos juntos en un mismo lugar. ² De repente vino del cielo un ruido como el de una ráfaga de viento impetuoso que llenó toda la casa donde estaban sentados, ³ y se les aparecieron lenguas como de fuego que, repartiéndose, se posaron sobre cada uno de ellos. ⁴ Todos fueron llenos del Espíritu Santo y comenzaron a hablar en otras lenguas, según el Espíritu les daba habilidad para expresarse.

Un punto muy importante que debes grabarte en tu mente y corazón es lo siguiente:

Ningún Profeta debe pretender hablar en calidad de profecía (falsa), algo que le hayan comentado de otra persona, sabiendo que eso es murmuración, sea positivo o negativo, porque entonces no estará hablando de parte de Dios, sino de parte de la persona que se lo comentó; eso sería como contaminar el don de profecía que Dios le confió porque se estaría atreviendo a decir que habla de parte de Dios, cuando Dios no ha dicho nada a ese respecto, sino que, es producto del comentario de otra persona.

El don de profecía no es para confrontar a otra persona en asuntos o problemas personales porque eso es trastocar el don de Dios; El no necesita que otro te diga qué debes profetizar, lo que Dios desea es que le prestes tu corazón y mente para hablarle a Su Iglesia y que sepa lo que El piensa y desea.

EL PODER DE LA SINERGIA

La verdadera unidad de profetas es tan poderosa que llega a vencer un numero inimaginable de enemigos, observa:

1. El poder de 1 vence a mil
   (1,000)
2. El poder de 2 vencen a diez mil
   (10,000)
3. El poder de 3 vencen a cien mil
   (100,000)
4. El poder de 4 vencen a un millón
   (1,000, 000,000)
5. El poder de 5 vencen a diez millones
   (10,000,000.00)
6. El poder de 6 vencen a cien millones
   (100,000,000.00)
7. El poder de 7 vencen a un billón
   (1,000,000,000.00)

Otro de los beneficios que trae el espíritu de comunión es la revelación, la bendición, la sabiduría que vienen una tras otra hasta llegar a ser una sobreabundancia en revelación, sabiduría, etc., por eso dice la Biblia:

Salmos 133:1-3 Cántico gradual: de David. **¡MIRAD cuán bueno y cuán delicioso es habitar los hermanos igualmente en uno!** ² Es como el buen óleo sobre la cabeza, el cual desciende sobre la barba, la barba de Aarón, y que baja hasta el borde de sus vestiduras; ³ Como el rocío de Hermón, que desciende sobre los montes de Sión: porque allí envía Jehová bendición, y vida eterna.

Una faceta es habitar, otra faceta es estar juntos y otra es estar en armonía, que haya un sonar a los oídos de Dios y que sea de Su agrado.

Uno de los ataques más fuertes que lanzan las tinieblas sobre la Iglesia de Cristo, es la división, es una estrategia satánica que lleva a que la gente se aísle y de esa manera poderlos destruir porque no hay potencializador de sinergia como el que pudiste ver en la lista anterior. Por eso Dios está permitiendo la bendición en el ministerio profético de orden primario y con la gente que tiene el don de profecía, para que reciban del espíritu de comunión, de unidad que los llevará a que potencialicen el poder que Dios ha puesto en ellos para destruir las obras de las tinieblas.

5.- ESPÍRITU DE REVERTIR LO NEGATIVO

En este espíritu mencionaré la vida de David como ejemplo de Profeta, la Biblia lo señala como tal en el libros de los Hechos:

Hechos 2:29-30 Varones hermanos, se os puede libremente **decir del patriarca David**, que murió, y fue sepultado, y su sepulcro está con nosotros hasta del día de hoy. **30 Empero siendo profeta**, y sabiendo que con juramento le **había Dios jurado que del fruto de su lomo**, cuanto á la carne, **levantaría al Cristo** que se sentaría sobre su trono... *(también el Salmo 22)*

Partiendo de aquí, ahora observa el beneficio de este espíritu de los profetas sobre David:

1 Samuel 19:17-21 (LBA) Y Saúl dijo a Mical: ¿Por qué me has engañado de esta manera y has dejado ir a mi enemigo, de modo que ha escapado? Y Mical dijo a Saúl: Él me dijo: "Déjame ir, porque si no te mato." [18] Huyó, pues, David y escapó, y fue a donde estaba Samuel en Ramá, y le contó todo lo que Saúl le había hecho. Y él y Samuel fueron y se quedaron en Naiot. [19] Y se le informó a Saúl diciendo: He aquí, David está en Naiot, en Ramá. [20] Saúl envió mensajeros para llevarse a David, pero cuando vieron al grupo de los profetas profetizando, y a Samuel de pie presidiéndolos, el Espíritu de Dios vino sobre los mensajeros de Saúl, y ellos también profetizaron. [21] Cuando se lo dijeron a Saúl, envió otros mensajeros, y también ellos profetizaron. Y por tercera vez Saúl envió mensajeros, y ellos también profetizaron.

- ✓ Los mensajeros que venía a capturar a David, en lugar de hacerle daño, le profetizaban bendiciones.

Aquí se cumple que, las maldiciones que alguien puede lanzar en contra tuya, si eres Profeta o tienes el don de profecía, la unción de este espíritu operará para revertir la maldición y convertirla en bendición, incluso, aquellos que quieren hacerte daño, se verán beneficiados. La gente que tiene malas intenciones contra ti, intenciones de destruirte con mentiras, con murmuraciones y con cualquier maldad, Dios lo revertirá.

Isaías 54:17 Toda herramienta que fuere fabricada contra ti, no prosperará; y tú condenarás toda lengua que se levantare contra ti en juicio. **Esta es la heredad de los siervos de Jehová**, y su justicia de por mí, dijo Jehová.

No hay poder más grande que el de Dios, de tal manera que si eres hijo de Dios, si le estás sirviendo y además tienes el don profético o por lo menos estás ardiendo en deseos por recibirlo; Dios verá eso en tu corazón y te lo concederá un día y no habrá quién te maldiga porque esas maldiciones se convertirán en bendiciones.

6.- ESPÍRITU DE HONRA

1 Samuel 19:22-24 (LBA) Entonces él mismo fue a Ramá, y llegó hasta el pozo grande que está en Secú; y preguntó, diciendo: ¿Dónde están Samuel y David? Y *alguien* dijo: He aquí, están en Naiot en Ramá. **²³** Y él prosiguió hasta Naiot en Ramá; y vino también el Espíritu de Dios sobre él, e iba profetizando continuamente hasta llegar a Naiot en Ramá. **²⁴** Se quitó además la ropa, también profetizó delante de Samuel, y estuvo echado desnudo todo aquel día y toda la noche. Por lo que suele decirse: ¿También está Saúl entre los profetas?

Mientras Saúl iba por el camino en busca de David para destruirlo, continúo profetizando a favor de David como las 3 veces anteriores lo hicieron sus mensajeros. No hay nada que el enemigo pueda hacer en contra tuya si estás en los propósitos de Dios, si tienes la cobertura del Altísimo.

Dios honra a los que le honran, de tal manera que la manera de honrar en la atmósfera profética a Sus profetas, es honrándolos con protección divina, una protección que ni Satanás puede comprender cómo funciona.

1 Samuel 2:30 Por tanto, Jehová el Dios de Israel dice: Yo había dicho que tu casa y la casa de tu padre andarían delante de mí perpetuamente; mas ahora ha dicho Jehová: Nunca yo tal haga, porque

yo honraré á los que me honran, y los que me tuvieren en poco, serán viles.

- ✓ Saúl, no continuó en su transformación, sin embargo no dejaba de profetizar porque Dios siguió usando esa profecía en beneficio para David.

- ✓ Saúl decía con su mente: David debe morir… pero con su espíritu profetizaba diciendo: David debe vivir.

- ✓ Saúl decía en su mente: David es mi enemigo… pero con su espíritu profetizaba: él será gran rey.

- ✓ Saúl decía con su mente: David es un pobre muchacho… pero con su espíritu profetizaba: es el ungido de Dios.

El ser Profeta o tener el don de profecía, te lleva a una dimensión espiritual donde te encuentras con Dios, de tal manera que tu vida no puede seguir siendo la misma, considera que El pondrá Sus palabras en ti, serás como Su boca y eso es considerado por Dios como digno de honra.

7.- ESPÍRITU DE VICTORIA

1 Samuel 19:24 (LBA) Se quitó además la ropa, también profetizó delante de Samuel, y estuvo echado desnudo todo aquel día y toda la noche. Por lo que suele decirse: ¿También está Saúl entre los profetas?

- ✓ Saúl cayó postrado y desnudo delante del Profeta Samuel con quien estaba David.

- ✓ Esto significa que Dios descubrirá y desnudará a tus perseguidores y enemigos.

- ✓ La palabra postrado significa: vencido o reverenciando.

- ✓ De manera inconsciente, Saúl cayó postrado, Dios lo permitió como un beneficio que tienen Sus profetas, es decir, son vencidos los que persiguen profetas y Dios les otorga la victoria, vencen sin que hayan levantado la mano en contra de sus adversarios.

- ✓ La atmósfera profética te da como beneficio, que tus enemigos les será descubierto todo el plan que tienen en contra tuya, dejándoles sin efecto los esquemas que puedan tener, de nada les habrá servido que estuvieran estudiando cómo destruirte porque su plan no prosperará.

Las Influencias de Los Espíritus Vivos o de Los Muertos

1 Crónicas 16:22 No toquéis a mis ungidos, ni hagáis mal **a mis profetas**.

Con este último de los 7 espíritus de la unción que Dios envía sobre la vida de Sus profetas como ministros de orden primario o sobre Sus siervos que los usa activándoles el don de profecía; puedes ver que eres parte de un grupo muy selecto de Dios, claro que El no hace acepción de personas, pero los privilegios que otorga te permiten estar más cerca de El para recibir directamente de Sus labios el mensaje que tiene para la Iglesia de Cristo, lo cual te hace responsable de ese mensaje para que lo traslades al pie de la letra pero también conlleva la responsabilidad de que estés cada día más consagrado a Dios, porque la responsabilidad que tienes es muy grande, considéralo de esa manera y guarda tu vida para Dios en todo momento.

Los Requisitos Para La Activación de Los Dones

CAPÍTULO 5

Los Requisitos Para La Activación de Los Dones

En todo inicio de procesos en general, existe lo que hoy día se conoce como un perfil que cada persona debe llenar, por ejemplo: si alguien es constructor de casas, edificios, etc., debe llenar el perfil requerido en una empresa, principalmente si aquella empresa tiene un nivel de calidad superior dentro del grupo de empresas a las que se dedican a la misma actividad económica.

Puede requerir que sus arquitectos, ingenieros, maestros de obras, etc., tengan un nivel superior a los trabajadores de las demás empresas que pertenecen al mismo círculo; entonces forman un perfil en cada nivel, por ejemplo: los arquitectos e ingenieros puede ser que estén siendo llamados a que hayan cursado una maestría o un doctorado en determinada área de la construcción; de tal manera que sólo los que tengan el perfil o llenen los requisitos, podrán laborar en determinadas empresas.

Estoy planteando este ejemplo para darme a entender en lo que desarrollaré en este capítulo que, su principal objetivo son los requisitos que debes llenar en la activación de los dones espirituales que entran al escenario profético, es decir que son parte de la dimensión profética. Con esto debo añadir que un Profeta puede ser activado para desarrollar cualquiera de los 9 dones descritos en **1 Corintios 12**; esto es diferente a decir que alguien es activado con un don espiritual específico sin que eso signifique que sea Profeta.

Esto me deja ver entonces que cuando el Espíritu Santo descendió en Pentecostés, le fue activado a cada uno, según el requisito que llenaba:

Hechos 2:17-18 Y acontecerá en los **postreros días**, dice Dios, Que derramaré de mi Espíritu sobre toda carne, **Y vuestros hijos y vuestras hijas profetizarán**, Vuestros jóvenes verán visiones, Vuestros ancianos soñarán sueños, **18 Ciertamente sobre mis siervos y sobre mis siervas en aquellos días Derramaré de mi Espíritu, y profetizarán.**

De tal manera que, estando en una dimensión profética, puedes alcanzar lo siguiente:

- o Tiempos de coyuntura.

- o Tiempos de oportunidad divina.

- o Tiempos de apertura a la impartición de Dios a Su pueblo, específicamente a los dones y comenzando con el de profecía.

Si a este pasaje le añado la revelación de este versículo:

Efesios 4:11-12 Y El dio a algunos el ser apóstoles, a otros profetas, a otros evangelistas, a otros pastores y maestros, ¹² a fin de **capacitar (#G2677 katartismós)** a los santos para la obra del ministerio, para la edificación del cuerpo de Cristo...

- ✓ Aquí debo sobresaltar: ...a fin de educar, equipar, habilitación, perfeccionar

Para ampliar la idea de lo que esto significa, voy a describir el versículo 12 en otras versiones de la Biblia:

(ECR) ...**a fin de educar** a los escogidos para la obra del ministerio, para la edificación del cuerpo de Mashiaj...

(BSM) ...**con el fin de equipar** a los consagrados para la tarea del servicio, para construir el cuerpo del Mesías...

(BNC) ...**para la habilitación** de los santos en orden a la obra del ministerio, para la edificación del cuerpo de Cristo...

(NRV1990) ...**a fin de perfeccionar** a los santos para desempeñar su ministerio, para la edificación del cuerpo de Cristo...

La misión de educar y equipar, es la función en una escuela, en este caso, la escuela de profetas, para que ayuden al crecimiento profético y vidente.

Las Escuelas Proféticas

Las instrucciones proféticas, desde tiempos antiguos, fueron escuchadas en las diferentes escuelas proféticas:

1. Betel

2 Reyes 2:3 Entonces **los hijos de los profetas** que estaban en **Betel**...

2. Jericó

2 Reyes 2:5 Y los **hijos de los profetas** que estaban en **Jericó**...

3. Gilgal

2 Reyes 4:38 Cuando Eliseo regresó a **Gilgal**, había hambre en la tierra. Y estando sentados los **hijos de los profetas** delante de él, dijo a su criado: Pon la olla grande y cuece potaje para los hijos de los profetas.

El hecho de decir: los hijos de los profetas... no significa precisamente que fueran hijos biológicos de un Profeta, sino que, era un término que significaba que venían a ser hijos proféticos o espirituales de quién los engendraba en su ministerio como el caso del Profeta Elías que tuvo como hijo al Profeta Eliseo.

Un hombre o mujer instruidos bajo un manto ministerial, avanzan a niveles de excelencia para ejecutar de mejor manera el don que han recibido. Recuerda que la Biblia deja ver que Dios derramó dones perfectos, podría decirlo de la siguiente forma: materia prima para procesarlos y que alcancen un perfeccionamiento.

Santiago 1:17 Toda buena dádiva y todo **don perfecto** viene de lo alto, desciende del Padre de las luces, con el cual no hay cambio ni sombra de variación.

- ✓ Una de las cosas que hace la educación, es perfeccionar a alguien para que no sea falso lo que hará, es decir, no haya falsificación en la educación y en el equipamiento.

La escritura permite ver ejemplos de educar o entrenar al pueblo de Dios.

1 Reyes 19:21 Entonces se volvió, dejando de seguirle, tomó el par de bueyes y los sacrificó, y con los aparejos de los bueyes coció su carne, y la dio a la gente y ellos comieron. **Después se levantó y fue tras Elías, y le servía**.

✓ Elías elige a un aprendiz.

Dentro de las escuelas proféticas, debes saber que existen 4 diferentes formas de fluir, aunque tienen un mismo origen y destino, pero como lo dije desde el principio y es la base de este capítulo, existen requisitos que se deben llenar para cada una de las diferentes formas en que fluye la dimensión profética:

1. El don de profecía.

2. El espíritu de profecía.

3. El ministerio profético.

4. El vidente.

Esto lo describiré en los demás capítulos y/o libros de esta misma serie profética, pero es necesario dejar el planteamiento para que haya un criterio amplio a este respecto y no dejar lugar a la confusión.

Los Dones

Quiero detallar 2 versículos que me servirán como base para la esencia de este capítulo, los requisitos para la activación de los dones:

1 Corintios 14:12 Así también vosotros, puesto que anheláis **dones espirituales**, procurad abundar en ellos para la edificación de la iglesia.

1 Corintios 14:1 Procurad alcanzar el amor; pero también desead ardientemente los dones espirituales, **sobre todo que profeticéis**.

Cuando Dios está a punto de concederte una impartición divina, comienzas a sentir anhelos de los dones espirituales. Luego ese anhelo avanza a desear ardientemente los dones; de hecho la Biblia hace referencia a que, una vez tengas el don de Dios, avives ese fuego; eso me deja ver que el deseo por recibir ese favor de Dios, debe ser como un fuego intenso que nada lo apaga, es como ver la salvación de tu vida, nada se compara a ese milagro. Los dones entonces son una riqueza incomparable que Dios ha enviado a tu vida y una vez los recibas, debes aplicar lo que dice la Biblia respecto a avivar ese fuego cada día más porque en Dios no hay límites.

De aquí surgen entonces interrogantes:

- ✓ **¿Cómo detectar que estás en un tiempo coyuntura de la impartición divina?**

- ✓ **¿Cómo saber que estás en ese preciso momento para recibir de Dios los dones?**

Lo primero que sentirás es el anhelo ardiente por recibirlos; eso mismo te lleva a que estés en todo momento buscando más y más de lo que anhelas; escudriñando en la Biblia, pidiéndole al Espíritu Santo que te revele más a ese respecto, etc. Entonces puedo decir que hay 2 indicadores antes de recibir los dones:

- ✓ Deseo ardiente

- ✓ Anhelo

Entonces primero debes tener un deseo, pero no un simple deseo, sino que sea ardiente lo cual es diferente a anhelar algo; porque si el deseo debe ser ardiente y eso deja una idea que va más allá de todo deseo, entonces el anhelo debe ser un sentir superlativo a ese deseo ardiente, al punto que Dios puede ver la disposición de llenar tu vida en medio de una dimensión profética y es El quien decide el momento.

Diferente a quien no lo desea y lo rechaza, esa persona no lo recibirá porque no lo lleva en su corazón, además Dios no obliga a nadie a que le sirva, todo debe ser por amor a El, saber que puedes estar en Su voluntad, en Sus planes, saber que puedes ser como Su boca cuando profetices.

A continuación enlistaré los 9 dones que deben estar como un deseo ardiente en tu corazón:

1 Corintios 12:4 Ahora bien, hay **diversidad de dones**, pero el Espíritu es el mismo.

1. Don de sabiduría.
2. Don de conocimiento.
3. Don de fe.
4. Don de sanidad.
5. Don de milagros.
6. Don de profecía.
7. Don de discernimiento de espíritus.
8. Don de diversas clases de lenguas.
9. Don de interpretación de lenguas.

Debes despertar a esta realidad, porque de nada servirá tanto equipamiento si no tienes el deseo ardiente hasta anhelar los dones espirituales para que Dios los derrame sobre tu vida.

REQUISITOS DE LOS DONES ESPIRITUALES

Todos los dones del Espíritu Santo tienen un requisito esencial para ser activados, me refiero a la fe.

Hebreos 11:6 Y sin fe es imposible agradar a Dios; porque es necesario que el que se acerca a Dios crea que El existe, y que es remunerador de los que le buscan.

Insisto, la fe es el primer requisito necesarios para poder fluir, comprender la dimensión profética y la operación de los dones; eso me deja ver entonces que sería imposible que fluyas en uno de los 9 dones del Espíritu Santo, si no tienes fe.

La dimensión espiritual es tan profunda que, si no es por la guianza del Espíritu Santo, no lograrás fluir, lo comprenderás por tu espíritu humano en conexión con Dios porque si pretendes comprenderlo bajo una perspectiva humanista, nunca lo entenderás porque entonces lo estarías haciendo sin fe.

¿POR QUÉ LA FE Y PARA QUÉ

LOS DONES DEL ESPÍRITU?

Porque lo que Dios desea es que seas un vaso para uso específico en Sus manos, pero necesitas llenar el requisito indispensable para que todo eso fluya: **la fe**, partiendo de ahí, los dones que Dios haya puesto en ti fluirán de una forma extraordinaria porque no habrá sombra de duda en todo lo que suceda o en lo que esperas que haya de suceder en una dimensión profética espiritual que obviamente repercute en lo físico, material o natural.

Todo esto debe ser parte de la revelación que Dios envía sobre Su equipo profético de este tiempo, de tal manera que la fe en Dios, más la revelación de Dios, activarán los dones para traspasar aquello que es posible y llegar en el nombre de Jesús a lo imposible.

Otro punto que cabe mencionar aquí es lo siguiente: si todos los dones necesitan de la fe, es necesario aprender a fortalecer la fe, permitir que crezca, cuidarla al punto de pelear para cuidarla porque es un requisito para que los dones que puedan estar fluyendo en tu vida, sigan trabajando cada vez más y con mayor fe, lo cual me deja ver entonces que también debes batallar para que la fe no sea contaminada.

Por esa razón es que, cuando entras en el fluir profético, necesitas cuidar con qué amistades te relacionas porque podría ser que estés confiando en una amistad que no es creyente, no tiene fe en Dios, consecuentemente no creerá nada de lo que hagas en el nombre de Jesús, lo cual puede venir a debilitar tu fe.

Amós 3:3 (LBA) ¿Andan dos hombres juntos si no se han puesto de acuerdo?

Este versículo permite ver que es necesario tener el mismo sentir para que haya un fluir sin restricciones de ningún tipo. Por supuesto que no estoy refiriéndome a que dejes por un lado la obra de evangelista y que no compartas el pan con el hambriento, pero si vas a fluir en una dimensión profética, debes cuidar tu don, debes cuidar tu vida porque de lo contrario, siendo un vaso de honra en las manos de Dios, puedes contaminarte y dejar de fluir en aquello a lo cual Dios te ha llamado, ¿por qué?

Santiago 3:11-12 (LBA) ¿Acaso una fuente por la misma abertura echa *agua* dulce y amarga? [12] ¿Acaso, hermanos míos, puede una higuera producir aceitunas, o una vid higos? Tampoco *la fuente de agua* salada *puede* producir agua dulce.

No puedes decir que vas a fluir en lo profético 3 días a la semana y los otros 4 días serás como el mundo quiera; si eres de Dios, no eres de nadie más, no hay otra forma de ver las cosas; además dice la Biblia que de la abundancia del corazón habla la boca, **¿de qué está lleno tu corazón?**, eso es lo que fluirá por tu boca. Ciertamente es Dios el que pone Sus palabras en tu boca, pero también debe estar en ti ese deseo intenso por buscar de Dios, por escudriñar Su palabra; si estás lleno del Espíritu Santo, podrás discernir los ambientes que se mueven en determinado lugar y saber que no puedes permitirle al enemigo que esté contaminándote.

Por eso mismo es que lo primero que debes de saber para cultivar cualquier don espiritual, es descubrir lo que Dios depositó en ti. Alguien puede profetizarte que eres un ministro primario en uno de los 5 ministerios descritos en **Efesios 4:11**, pueden profetizarte que tienes determinado don espiritual, pero nada de eso fluirá si Dios no lo ha depositado en ti.

Romanos 11:29 ...porque los dones y el llamamiento de Dios son irrevocables.

La Biblia no se equivoca, de tal manera que este versículo es infalible y si crees que Dios te ha llamado para que fluyas en lo profético, debes saber qué más necesitas para perfeccionar ese don y revisar, aunque antes de eso, primero debes examinar si está en ti porque el fluir profético requiere ser activado con el don de discernimiento de espíritus.

Asimismo puedes negarte en hacer algo que otra persona te está pidiendo que hagas, si no sientes del parte del Espíritu Santo que debas hacerlo porque te sentirás identificado con otro llamamiento que Dios depositó en ti y no lo que una persona te está diciendo que tienes y quizá te lo dice solamente por querer quedar bien contigo.

1 Corintios 12:10 ...a otro, poder de milagros; a otro, profecía; a otro, discernimiento de espíritus; a otro, diversas clases de lenguas, y a otro, interpretación de lenguas.

Con este versículo puedes notar el nivel que tiene el don de profecía con el don de discernimiento de espíritus; realmente Dios permitió que todo quedara escrito en determinado orden porque tiene determinada función, la escritura de la Biblia no quedó a lazar sino que, todo tiene una razón de ser.

Debes recordar que la Biblia en su escritura original, no tiene puntuación sino que, es una lectura que se puede leer de corrido, eso me deja ver entonces que, de acuerdo al versículo anterior, el don de profecía está requiriendo del don de discernimiento; dicho en otras palabras puedo decir entonces que, para ser Profeta, una persona debe tener orden de requisitos: primero es la fe, luego es tener el don de discernimiento de espíritus y luego los demás dones.

Los Discernimientos

La palabra discernimiento se deriva del término griego que se pronuncia **DIAKRISIS** y está identificado con el código 1253 y su significado es el siguiente:

- ✓ Examen judicial o valorar judicialmente.

- ✓ Convertirse en su propio juez y juzgar o examinar de manera precisa de lo que está ocurriendo en la corte celestial.

- ✓ Ver qué derecho tienen un ladrón para entrar y robar.

- ✓ DIAKRISIS viene de DIAKRINO #1252: Ser capaz de descubrir la diferencia.

- ✓ Separar minuciosamente (cuando se descubrió la diferencia).

Según la versión de la Biblia Amplificada, observa cómo tradujeron el mismo versículo:

1 Corintios 12:10 (Amplificada) ...a otro la habilidad de discernir y distinguir entre las pronunciaciones verdaderas, los espíritus y falsos...

#1253 diakrisis, distinguiendo, discerniendo y juzgando.

El don de discernimiento puedo decir que entra en el escenario profético, precisamente antes de pronunciar una profecía para discernir si es verdaderamente de Dios o no. Lamentablemente a través del tiempo se cayó en el error de creer que el don de discernimiento de espíritus es solamente para identificar donde hay un espíritu inmundo, un demonio; cuando la realidad es que ese don va más allá de ese oficio lo cual es bastante grande pero, también debe dejarse operar en la profecía precisamente para discernir si viene de Dios, distinguir la atmosfera espiritual y saber cuál es el origen del mensaje para rechazar todo engaño de las tinieblas.

Quizá el mayor problema que puedes enfrentar al no discernir si una profecía viene de Dios o no, es el hecho que la palabra que vas a entrar diciendo que es de parte de Dios, puede beneficiar o dañar a una persona por cuanto estás diciendo que hablas de parte de Dios. Por eso es importante que guardes tu vida, por supuesto que si tienes el llamado verdaderamente de Dios, en ningún momento lamentarás el tiempo que te guardas para Dios porque es entonces cuando más lo buscas y eso mismo te hacer más sensible a Su presencia y a saber si tienes un mensaje de Dios.

LA OPERACIÓN DEL DON DE DISCERNIMIENTO

Aunque ya pudiste ver algunos significados, quiero concretarlos en base al siguiente versículo:

1 Corintios 12:10 …a otro, discernimiento de espíritus…

Operaciones: 1755 energema significa: los efectos de la operación….

Discernimiento: 1253 diakrisis {dee-ak'-ree-sis} significado:

  o Discernir, distinción, juzgar.

- Descubrirlos haciendo la distinción entre los de Dios y las tinieblas y juzgarlos.
- Distinguirlos para una disputa.

Discernir: de diákrisis es una opinión judicial: contender, opinión, oponer.

Con esto entonces puedes ver la importancia del espíritu de discernimiento porque una vez que disciernes, puedes definir tu entorno porque aunque las tinieblas pretendan confundirte, puedes establecer quiénes son los que están tratando de engañarte. Con el don de discernimiento de espíritus tienes la habilidad para distinguir lo que se mueve en una atmósfera espiritual como son las diferentes entidades del reino de Dios o del reino de las tinieblas.

EL REQUISITO LLAMADO DISCERNIMIENTO DE ESPÍRITUS

Todo Profeta necesita el don de discernimiento de espíritus el cual funciona, además de opera para descubrir los espíritus, también sirve para desarrollar los sentidos espirituales. Por eso habrás escuchado en algún momento que, hay gente diciendo que escuchó, vio, sintió, pudo percibir olores pero todo eso bajo un manto espiritual. Por eso es que un Profeta debe haber desarrollado sus sentidos espirituales para poder funcionar con el oficio de Profeta de Dios, precisamente cuando dice: así dice el Señor...

¿Cómo opera el discernimiento?

- ✓ El don que realmente actúa cuando alguien dice que ve en el espíritu, es el don de discernimiento de espíritus.

- ✓ Aquellos que pueden ver por el discernimiento de espíritus, actúan en un alto nivel de la vista espiritual, lo cual es precisamente el discernimiento de espíritus. Es por eso que cuando un Profeta o alguien con el don de profecía, está teniendo una visión de parte de Dios, se lo traslada a su autoridad ministerial para que sea discernida la visión antes de trasladarla a todo el pueblo.

- ✓ El discernimiento opera viendo por el espíritu, es la única forma en que funciona el discernimiento de espíritus.

- ✓ Ningún creyente tiene el don de ver en el espíritu por medio de otro don, porque no existe tal cosa; dicho en otras palabras, es solamente por el don de discernimiento de espíritus que se puede alcanzar a tener una visión profética en una atmósfera espiritual. Por eso es importante que seas equipado porque recibes este conocimiento, entonces avanzas a un grado más alto, el don profético que Dios te ha regalado.

Para dejarlo de una forma más sencilla, puedo decir que si tienes el don de sanidad, no puedes tener una visión de parte de Dios, a menos que también tengas activado el don profético y que quizá no lo sepas; pero el punto es que es solamente bajo esa atmósfera profética que se alcanzan las visión de parte de Dios.

- ✓ El don de discernimiento de espíritus es uno de los dones más complicados en lo que atañe a ver por el espíritu.

- ✓ Para todos los dones lo que necesitas es la fe, pero para fluir en el don de profecía, es que se mueva en ti el don de discernimiento de espíritus porque si estás siendo encaminado a ser un Profeta, necesitarás ojos espirituales para ver en la dimensión espiritual los cuales son activados a través del discernimiento de espíritus.

EL DISCERNIMIENTO DE ESPÍRITUS EN EL ANTIGUO TESTAMENTO

2 Reyes 6:16-17 Y él respondió: No temas, porque los que están con nosotros son más que los que están con ellos. **¹⁷** Eliseo entonces oró, y dijo: Oh SEÑOR, **te ruego que abras sus ojos para que vea. Y el SEÑOR abrió los ojos del criado**, y miró, y he aquí que el monte estaba lleno de caballos y carros de fuego alrededor de Eliseo.

Lo primero que puedes ver en esta cita es que, cuando Eliseo oró a Dios, pidió que le fueran abiertos los ojos de su siervo, pero aquel varón no estaba ciego físicamente, la oración iba más allá de lo natural, la petición era que pudiera ver en la dimensión espiritual, el respaldo de parte de Dios. Esto es lo mismo que sucede en tu vida, por eso es necesario que tus sentidos espirituales sean activados para poder ver el mundo espiritual, no solamente para ver el respaldo de Dios lo cual es gratificante, sino para poder ver qué es lo que las tinieblas están moviendo y poderte mover estratégicamente en la guerra espiritual:

- ✓ El don de discernimiento de espíritus es un don de comunicación a través del cual el Espíritu Santo alerta sobre el ambiente y la atmósfera espiritual que te rodea.

- ✓ Su forma principal de funcionamiento es por medio de los 5 sentidos, no solamente en lo físico, sino también en lo espiritual.

- ✓ Para entender cómo funcionas discerniendo espíritus, debes comprender tus sentidos espirituales.

- ✓ La mayoría de las personas sólo son conscientes de que tienen cinco sentidos físicos.

Hebreos 5:14 Pero el alimento sólido es para los adultos, los cuales por la práctica tienen los **sentidos ejercitados** para discernir el bien y el mal.

Obviamente que para discernir con los sentidos, está refiriéndose a los espirituales porque con la vista física no puedes discernir el mundo espiritual. Cabe mencionar en este punto que, así como tienes sentidos físicos, también los tienes en el alma y en el espíritu humano. También debo hacer mención que dentro de los dones que se pueden ver en la Biblia, no existe el don de la visión como algunos suelen decirlo y que es por ese don que los profetas tienen visiones; ese don no existe, lo que existe es el don de discernimiento de espíritus y lo que Dios permite en Sus siervos los profetas son visiones lo cual también es diferente a la vista espiritual.

La Visión De Dios

Cuando Dios permite tener una visión; físicamente lo que sucede es que crea una imagen en el hemisferio derecho del cerebro; lugar que Dios diseñó para formar las visiones, aunque es una parte natural, Dios la utiliza para la imaginación.

HEMISFERIO DERECHO

El hemisferio derecho permite desarrollar la intuición, la imaginación, la innovación y el pensamiento creativo; es el lugar donde el cerebro tiene mayor facilidad para visualizar ideas y llevar a la realidad inventos, cosas que no existían porque aparentemente no eran posibles.

Para que puedas tener una mejor idea a este respecto, puedes ver una imagen donde está representado el cerebro y qué es lo que tiene lugar en cada lado, tanto el derecho como el izquierdo:

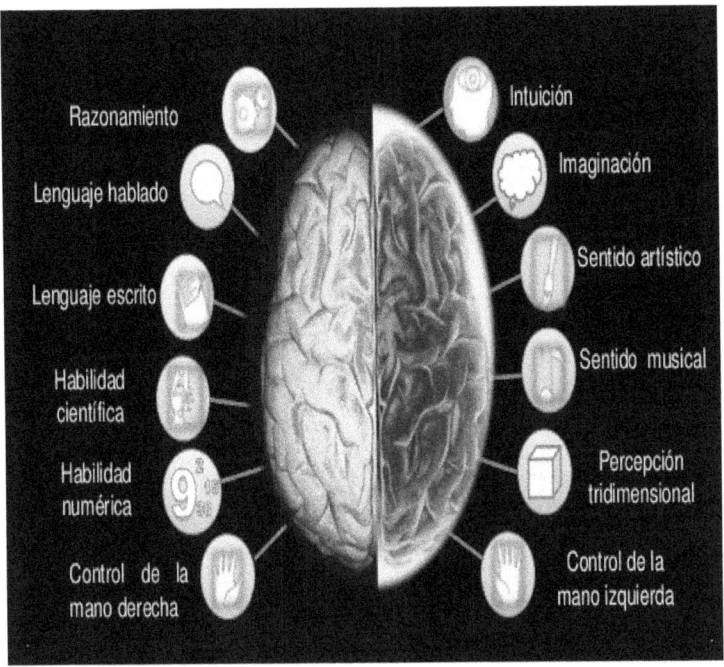

Una visión no es lo mismo que tener vista espiritual, como ya lo señalé, porque cuando hablo de visión espiritual, obviamente no son los ojos físicos los que están operando, sino los espirituales los cuales pueden operar a partir de la visión que es formada en el hemisferio derecho y que tiene lugar entonces en lo que está representado en la imagen anterior, como una percepción tridimensional; es lo que sirve entonces para tener procesos imaginarios a partir de una palabra.

VISTA ESPIRITUAL

Actúa a través del don de discernimiento bajo una perspectiva espiritual, es la activación de ojos espirituales.

VISIÓN

Es la creación de una imagen en el hemisferio derecho, específicamente en el área donde tiene lugar la percepción tridimensional.

Dicho de otra manera, puedo decir que es importante el don de discernimiento de espíritus, antes del don de profecía, porque llega hasta esa sección donde se diseñan o se tiene la percepción tridimensional; pero como es solamente como un elemento diseñador, el enemigo también puede lanzar un dardo encendido para provocar distorsión en una visión profética, de tal manera que en lugar de ser una visión de Dios, puede ser de Satanás; pero para destruir toda obra de maldad desde lo profundo de tu imaginación, el don de discernimiento trabaja para que las obras de las tinieblas no prosperen sino que sean derrumbadas en el nombre de Jesús.

LOS SENTIDOS ESPIRITUALES PARA LO PROFÉTICO

Observa los siguientes versículos que hace referencia a los ojos del espíritu, tanto en el Antiguo como en el Nuevo Testamento:

Daniel 8:16 Y oí una voz de hombre entre las riberas de Ulai, que gritó y dijo: Gabriel, enseña la **visión** á éste.

De manera que, no existe ningún otro don para la vista espiritual, si no es el de discernimiento de espíritus.

Efesios 1:18 Alumbrando los ojos de vuestro entendimiento, para que sepáis cuál sea la esperanza de su vocación, y cuáles las riquezas de la gloria de su herencia en los santos…

Nota que no es una oración para que Dios proveyera ojos espirituales, sino más bien, para que los pudieran abrir, porque así como existen 5 sentidos que te proveen de información del mundo físico, también tienes sentidos conectados con el mundo espiritual como ya lo señalé.

La palabra **sentidos** en la Biblia: G145 aistheteria o aisthetérion.

Significado: órganos del sentido, como los ojos, los oídos, nariz, lengua o paladar, dedos y el sistema nervioso en general. Estos órganos bien ejercitados y empleados proporcionan conciencia inmediata de la vista, oído, gusto, olfato y sensación.

- ✓ Estos son los que se encuentran tanto en el alma como en el espíritu y por supuesto, en el cuerpo, el término griego que describí está siendo usado en las 3 áreas.

- ✓ Los sentidos espirituales son tan importantes como los físicos.

- ✓ Lamentablemente, la mayoría de personas no les prestan la importancia debida, consecuentemente no los han desarrollado.

- ✓ Eso me deja ver nuevamente que el don que activa los sentidos espirituales, es el don de discernimiento y que es el requisito para activar el don profético.

SERES TRIPARTITOS

En cada parte del ser tripartito existen sentidos, ahora observa la importancia a este respecto en la Biblia:

1 Tesalonicenses 5:23 Y el Dios de paz os santifique en todo; para que vuestro **espíritu y alma y cuerpo** sea guardado entero sin reprensión para la venida de nuestro Señor Jesucristo .

LOS 5 SENTIDOS FÍSICOS:

Los sentidos físicos de Eva.

2 Corintios 11:3 Mas temo que como la serpiente engañó á Eva con su astucia, sean corrompidos así vuestros **sentidos** en alguna manera, de la simplicidad que es en Cristo.

Génesis 3:6 Y **vio** *(Vista)* la mujer que el árbol era bueno para **comer** **(Paladar)**, y que era agradable á los **ojos** *(Vista)*, y árbol codiciable para alcanzar la sabiduría; y **tomó** *(Tacto)* de su fruto, y **comió** *(Paladar)*; y dio también á su marido, el cual comió así como ella.

Estas bases dejan ver acerca de los sentidos en el cuerpo que manipuló Satanás.

LOS 5 SENTIDOS DEL ALMA:

El rico y Lázaro en el alma.

Lucas 16:23-24 Y en el infierno alzó sus **ojos** *(Vista)*, estando en los tormentos, y vio á Abraham de lejos, y á Lázaro en su seno. [24] Entonces él, dando **voces** *(Oído)*, dijo: Padre

Abraham, ten misericordia de mí, y envía á Lázaro que moje la punta de su **dedo** *(Tacto)* en agua, y refresque mi **lengua** *(Paladar)*; porque soy atormentado en esta llama.

Estas bases dejan ver que hay sentidos en el alma, porque el cuerpo del rico y de Lázaro, estaban en el cementerio; la conversación que se suscita en la cita anterior es a nivel del alma, el sufrimiento y todo lo que ahí puedes ver descrito, es a nivel del alma.

LOS 5 SENTIDOS DEL ESPÍRITU:

El Apóstol Juan en el espíritu y sus sentidos activados.

Apocalipsis 1:10 Yo fui en el Espíritu en el día del Señor, y **oí** *(Oído)* detrás de mí una gran voz como de trompeta...

Apocalipsis 4:2 Y luego yo **fui en Espíritu**: y he aquí, un trono que estaba puesto en el cielo, y sobre el trono estaba uno sentado.

Apocalipsis 1:12 (Jerusalén 1998) Me volví a **ver** *(Vista)* qué **voz** *(Oído)* era la que me hablaba y al volverme, vi siete candeleros de oro...

Estas bases dejan ver que hay sentidos en el espíritu.

Es un hecho que tienes sentidos en tu espíritu humano por medio de los cuales interactúas con el reino espiritual.

Hebreos 5:14 Pero el alimento sólido es para los adultos, los cuales por la práctica tienen los **sentidos ejercitados** para discernir el bien y el mal.

Cuando el don de discernimiento de espíritus está en funcionamiento, es a través de los sentidos espirituales que recibes comunicación.

Es posible que tengas conocimiento de muchas cosas que ahora tuviste la oportunidad de ver en este capítulo, sin embargo considero que es necesario sentar las bases y tener un esclarecimiento oportuno porque eso te ayudará a que seas catapultado en la dimensión profética que va más allá de lo tradicional. Recuerda que en Dios vas de novedad de vida constantemente en todos los ámbitos que El te permite vivir; en este caso, en la dimensión profética, llevando el orden divino y sabiendo que es Dios quien tiene el control absoluto de todo.

Los Requisitos Para La Activación de Los Dones

De lo que debes tener conciencia clara y plena es que, al recibir de parte de Dios un don, no es para que lo guardes como aquel personaje de la parábola de los talentos que le confiaron un talento y lo guardó; el don es para ponerlo a funcionar, para ejercitarlo, sin embargo, también debe haber una responsabilidad de cuidar de él en el sentido de no permitir que sea contaminado y que esté debidamente ejercitado por ti para que fluya en el momento que Dios desee que así sea.

Los Sentidos Espirituales Para Lo Profético

CAPÍTULO 6

En el capítulo anterior tuviste la oportunidad de aprender acerca del don de discernimiento de espíritus, como parte de los requisitos para la activación del don de profecía, aunque en realidad pudiste ver muchas más cosas pero quizá lo que estuvo presente en todo el desarrollo fue poder discernir lo que se mueve a tu alrededor como uno de los puntos más importantes dentro de una atmósfera profética.

Posiblemente te parezcan cosas muy básicas, sin embargo, considero que es necesario sentar una buena base para que no haya lugar a dudas en un futuro cercano o lejano y llegar a creer que lo sabes todo, lo cual es muy posible, pero es necesario afirmarlo, principalmente por lo importante que todo esto conlleva. De aquí entonces el hecho que, incluso en el Antiguo Testamento, Dios permite que veas varias escuelas proféticas, hice mención de 3 en el capítulo anterior las cuales eran del Profeta Elías, pero no son las únicas, para lo cual te mostraré una más:

1 Samuel 10:5 (RV) De allí vendrás al collado de Dios donde está la guarnición de los Filisteos; y cuando entrares allá en la ciudad encontrarás una **compañía** de profetas que descienden del alto, y delante de ellos salterio, y adufe, y flauta, y arpa, y ellos profetizando:

En este versículo tradujo compañía de profetas, pero existe una traducción de la Biblia que lo deja más claro porque dice: **escuela de profetas**, era una escuela fundada por el Profeta Samuel; pero el punto hacia donde quiero llegar es que, si en el Nuevo Testamento dice claramente que habrá una atmósfera profética, es porque volverá aquello que hubo en el Antiguo Testamento:

Hechos 2:17-18 (LBA) Y SUCEDERA EN LOS ULTIMOS DIAS—dice Dios— QUE DERRAMARE DE MI ESPIRITU SOBRE TODA CARNE; Y VUESTROS **HIJOS Y VUESTRAS HIJAS PROFETIZARAN**, VUESTROS **JOVENES VERAN VISIONES**, Y VUESTROS **ANCIANOS SOÑARAN SUEÑOS**; ¹⁸ Y AUN SOBRE MIS SIERVOS Y SOBRE MIS SIERVAS DERRAMARE DE MI ESPIRITU EN ESOS DIAS, y **profetizarán**.

Entonces no debe ser razón de asombro el hecho que hoy estés involucrado en una escuela de profetas y que el libro que hoy tienes en tus manos, sea parte del material didáctico, de equipamiento profético, no solamente para un ministerio profético de orden primario, sino para la gente que está siendo equipada con el don de profecía, bajo el entendido que no estoy enfocado en que te conviertas en una persona mística y que creas que escuchas la voz de Dios y quizá no es así. Por esa misma razón es que, en el capítulo anterior mencioné que si eres un ser tripartito, los sentidos que tienes en el cuerpo, los tienes en el alma y en el espíritu.

1 Tesalonicenses 5:23 Y el Dios de paz os santifique en todo; para que vuestro **espíritu y alma y cuerpo** sea guardado entero sin reprensión para la venida de nuestro Señor Jesucristo.

Tuve este versículo como base para lo que expliqué porque lo que Dios desea es que seas guardado completo, no solamente en tu espíritu, por eso ya mencioné que no es mi deseo que te conviertas en una persona mística; porque a Dios también le interesa tu alma y cuerpo.

LOS 5 SENTIDOS DEL CUERPO:

2 Corintios 11:3 Mas temo que como la serpiente engañó á Eva con su astucia, sean corrompidos así vuestros sentidos en alguna manera, de la simplicidad que es en Cristo.

Génesis 3:6 Y **vio** *(Vista)* la mujer que el árbol era bueno para **comer** *(Paladar)*, y que era agradable á los **ojos** *(Vista)*, y árbol codiciable para alcanzar la sabiduría; y **tomó** *(Tacto)* de su fruto, y **comió** *(Paladar)*; y dio también á su marido, el cual comió así como ella.

Estas son las bases que permiten ver acerca de los sentidos en el cuerpo los cuales fueron manipulados por Satanás.

LOS 5 SENTIDOS DEL ALMA:

De la cita a continuación descrita, muchos hacen referencia como si fuera una parábola, pero en realidad es una historia que solamente Dios podía contar porque El había visto lo sucedido; además que, a partir de que se mencionan nombres, deja de ser un tipo de parábola que lleva semejanzas para presentar una enseñanza:

Lucas 16:23-24 Y en el infierno alzó sus **ojos** *(Vista)*, estando en los tormentos, y vio a Abraham de lejos, y a Lázaro en su seno. ²⁴ Entonces él, dando **voces** *(Oído)*, dijo: Padre Abraham, ten misericordia de mí, y envía á Lázaro que moje la punta de su **dedo** *(Tacto)* en agua, y refresque mi **lengua** *(Paladar)*; porque soy atormentado en esta llama.

Esta base deja ver que hay sentidos en el alma.

LOS 5 SENTIDOS DEL ESPÍRITU:

Este es el punto que debes darle relevancia por lo que estás aprendiendo y es que, es un hecho que tienes sentidos en tu espíritu humano por medio de los cuales interactúas con el mundo de los espíritus.

Hebreos 5:14 Pero el alimento sólido es para los adultos, los cuales por la práctica tienen **los sentidos ejercitados para discernir** el bien y el mal.

Cuando el don de discernimiento de espíritus está en funcionamiento, es a través de estos sentidos espirituales que el Espíritu Santo activa para que recibas comunicación en uno de los diferentes niveles proféticos que describo a continuación y que te sirven para descubrir el ambiente y la atmósfera espiritual donde te estás moviendo:

1. El espíritu de la profecía.

2. El don de la profecía.

3. El ministerio profético.

4. El vidente.

Otro de los ejemplos que puedo citar, en relación a los sentidos del espíritu, es el siguiente:

Apocalipsis 1:10-12 (LBA) Estaba yo en el Espíritu en el día del Señor, y **oí** detrás de mí una gran voz, como *sonido* de trompeta, [11] que decía: Escribe en un libro lo que **ves**, y enví*alo* a las siete iglesias: a Efeso, Esmirna, Pérgamo, Tiatira, Sardis, Filadelfia y Laodicea. [12] Y me volví para **ver** *de quién era* la voz que hablaba conmigo. Y al volverme, **vi** siete candelabros de oro...

Apocalipsis 4:2 Y luego yo fui en Espíritu: y he aquí, un trono que estaba puesto en el cielo, y sobre el trono estaba uno sentado.

Apocalipsis 1:12 Me volví a ver *(Vista)* qué voz *(oído)* era la que me hablaba y al volverme, vi siete candeleros de oro...

Por lo menos puedes ver 2 sentidos del espíritu: **el sentido del oído y el sentido de la vista** que están en acción en el mundo espiritual en estos versículos, pero el ser integral del Apóstol Juan no fue llevado al cielo, su cuerpo estaba en la isla de Patmos y su espíritu humano fue el que tuvo esa experiencia extraordinaria.

Estoy dejando por escrito todo esto para tener la base clara de lo que son los sentidos del cuerpo, alma y espíritu, 3 dimensiones diferentes.

Ejemplos De Cómo Usa

Dios Los Sentidos

Una de las cosas que debes tener presentes en todo esto es que, antes de conocer a Jesús, aceptarlo en tu corazón, difícilmente pudiste haber llegado a comprender lo que es el mundo espiritual; así como hoy puedes ver a gente que solamente creen en el mundo que los rodea, para ellos solamente hay material en el universo, posiblemente así pensabas, lo cual te cerraba toda posibilidad de llegar a creer en la gran verdad respecto a que el mundo espiritual es la materia prima del mundo físico.

Hoy tienes la bendición de estar en la luz de Jesús y estás avanzando cada vez más respecto al entendimiento del mundo espiritual y de todo lo que esto involucra que, como es propio de este capítulo, también hay sentidos como ya lo describí anteriormente.

EL SENTIDO DEL GUSTO

Ezequiel 3:1 Y él me dijo: Hijo de hombre, **come** lo que tienes delante; **come este rollo**, y ve, habla a la casa de Israel.

Los libros en los días del Profeta Ezequiel eran escritos en pieles de animal y se enrollaban, no se los comería literalmente; lo que Dios estaba diciéndole a Su siervo era bajo el punto de vista espiritual que también era comprensible para el Profeta Ezequiel, para él no era algo que estuviera fuera de contexto, lo podía asimilar perfectamente.

Los rollos a los que Dios se refería eran los archivos celestiales, una información divina que cambiaba la vida de aquella gente al punto que, alcanzaban a tener una mente místicamente positiva, porque no hay lógica en un Profeta, no tiene dónde apoyarse si necesitara punto de partida físico.

El Profeta debe tener un organismo espiritualmente fuerte para asimilar lo que Dios desea que profetice porque nada tendrá lógica humana, sin embargo el Profeta debe hacerlo con tal convicción que moverá las entrañas de gente que tenga su receptor espiritual presto para recibir la palabra de Dios, incluso tendrá el poder delegado del cielo para remover a la gente que esté dudando y volverla al verdadero camino.

Es por eso que debes estar dispuesto a lo que Dios desea hacer en tu vida profética, los procesos de Dios no tienen lógica pero tienen poder en El; Su deseo es que tengas una mente profética donde todo lo que Dios diga es posible y no hay lugar para dudar.

Ezequiel 3:2-4 Abrí, pues, mi boca, y me dio a comer el rollo. ³ Entonces me dijo: Hijo de hombre, **alimenta tu estómago** y llena tu cuerpo de este rollo que te doy. **Y lo comí, y fue en mi boca dulce como la miel.** ⁴ Me dijo además: Hijo de hombre, ve a la casa de Israel y háblales con mis palabras.

Nadie se comería un rollo de piel literal, esto era en el espíritu para que se activará el sentido del paladar del espíritu humano. Comer en el espíritu era digerir las palabras que contenía el rollo para que al asimilarlas su espíritu, pudiera trasladar un mensaje tan poderoso como Dios quería que fuera trasladado. Por supuesto que para llegar a este nivel de espiritualidad, es necesario tener una comunión íntima y constante con Dios para poder discernir qué es a lo que Dios se refiere en cada momento que pide que se haga algo.

Entonces no se trata tanto del tiempo que tengas en el evangelio, sino de la calidad de ese tiempo con Dios para conocer Sus gustos, deseos, ordenes, etc., saber y conocer el momento en que estaban recibiendo revelación de parte de Dios para lo que debían hacer proféticamente hablando.

La experiencia que tuvieron siervos de Dios como el Profeta Ezequiel, fue algo que estuvo fuera de todo contexto que se hubiera experimentado antes.

Cuando lees con detenimiento lo que dice la cita anterior, puedes notar que el espíritu humano del Profeta Ezequiel sería fortalecido con la dieta del cielo por la orden de Dios sobre lo que debía comer, al punto que su paladar espiritual, tendría la experiencia de una comida dulce.

Podría decir que el hecho de profetizar, en la boca de un verdadero Profeta de Dios, deber ser como saborear una comida dulce, no habrá razón para privarse de decir algo ni agregar palabras que Dios no haya dicho; profetizar de parte de Dios debe dejar un paladar dulce en la vida de un Profeta o alguien con el don de profecía, principalmente porque la miel es la revelación de la palabra de Dios no adulterada; debe ser la palabra divina sin humanismo.

Con esto puedes ver entonces la importancia que tiene el hecho de cuidar tu vida y que seas libre de toda contaminación porque así como Dios te ve como un vaso de honra que El desea usar, igualmente Satanás te ve como un vaso que él desea engañar para que seas contaminado.

EL SENTIDO DE LA VISTA

Al Profeta Jeremías, Dios le dice: **¿qué ves?**, pero nuevamente era en sentido espiritual, la pregunta era para que le respondiera por lo que los ojos de su espíritu humano alcanzaba a ver:

Jeremías 1:11-13 (LBA) Vino entonces a mí la palabra del SEÑOR, diciendo: **¿Qué ves tú, Jeremías?** Y yo respondí: **Veo una vara de almendro.** **12** Y me dijo el SEÑOR: Bien has visto, porque yo velo sobre mi palabra para cumplirla. **13** Por segunda vez vino a mí la palabra del SEÑOR, diciendo: **¿Qué ves tú?** Y respondí: **Veo una olla hirviendo** que se vuelca desde el norte.

Es muy interesante la forma en la que Dios habla porque no te dirá cosas que no comprendas, sino por el contrario, sabiendo que de pronto podría ser algo confuso de comprender lo que se mueve a tu alrededor, te hace énfasis en lo que estás viendo. Por eso, cuando ves en Génesis que Dios llamó a Adán preguntándole dónde estaba, lo hizo, pero no porque desconociera dónde estaba Adán, sino más bien espiritualmente hablando le estaba diciendo cuál era su posición espiritual en la que había caído a consecuencia de su desobediencia.

Es como si fuera un examen académico de cualquier centro de estudios, te examinan o te hacen una prueba, para que veas lo que has aprendido, por supuesto que esto conlleva un proceso, pero el punto es para que veas cuál es el resultado después de un período en el que debiste aprender y que en base a una calificación sepas qué tanto aprendiste. Puedo decir que, bajo una perspectiva humana y en términos generales, a nadie le gustan las pruebas, principalmente si la gente no es dedicada en los proyectos que emprende porque sabe que el examen dará un mal resultado, pero es precisamente para eso, para que sepas qué tanto has aprendido.

LOS SENTIDOS ESPIRITUALES

Aunque en determinado momento ya debes saber a qué me refiero con esto, quiero dejarlos plasmados por cuanto este capítulo a eso se refiere cuando hablo de los sentidos espirituales:

- ✓ Ver: vista espiritual.
- ✓ Oír: oído espiritual.
- ✓ Oler: olfato espiritual.
- ✓ Palpar: tacto espiritual.
- ✓ Gustar: paladar espiritual.

Por supuesto que cada uno de los sentidos espirituales son activados por el Espíritu Santo.

¿Cuál es la enseñanza o equipamiento profético de este ejemplo?

Hay momentos en los que por el espíritu sentirás el gusto de algo dulce, ácido o salado, igualmente olerás aromas como vino, frutos y olores desagradables como resultado de los sentidos espirituales de Profeta que Dios usa en tu vida; incluso hay gente que percibe un olor tan desagradable que solamente puede decir que es olor a pecado.

Esto es tan real que incluso, cuando una persona busca ministración de alma, llega el momento en que testifican que tuvieron una batalla espiritual durante la noche o mientras dormían y cuando despiertan al amanecer, pueden tener la marca de golpes físicos, aunque fue una batalla espiritual, tuvieron repercusiones físicas.

Menciono esto porque para poder comprender lo que estás estudiando, debes hacerlo con tu espíritu humano que el Espíritu Santo habilitó para que pudiera ser un receptor de toda esta enseñanza y de esa manera alcances madurez espiritualmente.

En el Antiguo Testamento puedes ver cómo es que Dios habló a Sus profetas por medio de experiencias con los sentidos espirituales porque obviamente los tenían habilitados.

LA ACTIVACIÓN DE LOS SENTIDOS

¿Qué hacer para comenzar a usar los sentidos?

No esperes que descienda un ángel de parte de Dios para tocar con su dedo tus sentidos físicos y que a partir de ahí se activen los espirituales porque no funciona de esa manera, aunque si Dios así lo desea, puede hacerlo porque para eso es Dios Todopoderoso y Soberano, pero en términos generales, no es así como funciona.

La respuesta a la interrogantes es la siguiente:

Mateo 5:8 (FTA) Bienaventurados los que tienen puro su corazón, porque ellos verán a Dios.

Con este versículo puedo decir que está la activación de los 5 sentidos espirituales, pero surge una nueva interrogante, ¿a qué se refiere Dios cuando habla de la pureza del corazón?

Para el ejercicio de los dones, puedo decir 2 cosas diferentes:

1. El don es dado por Dios y debe ser confirmado por un ministro.

Los Sentidos Espirituales Para Lo Profético

2. El don puede ser transferido por medio de la imposición de manos.

Pero ambas formas requieren de un corazón puro para activar los sentidos espirituales; pero **¿a qué nivel de pureza debe estar un Profeta para ver a Dios?** Para responder a esta interrogante, primero debes saber qué es la pureza:

Primero: pureza o puro es un nivel de moral inalcanzable. No existe nadie tan puro para ver a Dios.

- ✓ La pureza era un rito legal en el Antiguo Testamento que se repetía constantemente cada vez que la circunstancia lo requería. Era un rito partiendo que era imposible alcanzar el máximo nivel de pureza, nadie puede decir que ha alcanzado el nivel suficiente para ver a Dios.

Segundo: pureza como un proceso divino para ver a Dios. Es la prueba que lleva la purificación del oro.

- ✓ Esto fue lo que aprendieron los discípulos de Jesús y escribieron de ello, fueron procesos divinos que, a pensar de ser difíciles y dolorosos, pueden dar inicio y completarse en el nombre de Jesús porque si Dios quiere que actives los sentidos espirituales, entrarás en ese proceso aunque no quieras.

Proceso De Purificación

Proverbios 17:3 Como la plata se prueba en la fragua, y **el oro en el crisol**, así prueba el Señor los corazones con la tribulación.

Zacarías 13:9 Y meteré la tercera parte en el fuego, los refinaré como se refina la plata, **y los probaré como se prueba el oro**. Invocará él mi nombre, y yo le responderé; diré: "El es mi pueblo", y él dirá: "El SEÑOR es mi Dios."

Físicamente hablando, cuando el oro y la plata entran a un horno para derretirlos, llegan a una temperatura muy alta. Espiritualmente hablando, la prueba que dará como resultado aquello que Dios desea ver en al vida de los que serán como Su boca, eliminan cualquier vestigio de contaminación con el mundo.

1 Pedro 1:7 …para que la prueba de vuestra fe, más preciosa que el oro que perece, aunque **probado por fuego**, sea hallada que resulta en alabanza, gloria y honor **en la revelación** de Jesucristo…

De manera que los sentidos se activan después de períodos de prueba donde Dios purifica el corazón del hombre o mujer, así como el oro y la plata son purificados a través del fuego.

EL ORO REFINADO

Para ilustrar el significado de purificación, quiero referirme a lo que Dios me permitió vivir trabajando en lo secular, antes de conocerlo:

- ✓ Para purificar el oro y refinarlo se deben separar las impurezas y las escorias.

- ✓ Para eso, el oro debe de ser calentado a 1948° F. de temperatura.

- ✓ Este proceso hace que todas las impurezas y la escoria suban a la superficie, formando así una capa delgada que es eliminada a martillazos con martillo de madera.

- ✓ Al final se apaga el fuego y se produce oro puro de un solo elemento.

Es así como Dios purifica el corazón del Profeta para que los sentidos espirituales sean activados.

El problema sería decir que eres Profeta o decir que tienes el don de profecía y no entender los sentidos espirituales porque no los tienes activados.

Las 7 Razones Que Impiden La Apertura De La Vista Espiritual

Para nadie debería ser como algo nuevo el saber que, así como existe lo verdadero, igualmente existe lo falso de lo cual se encargan las tinieblas dirigidas por el padre de toda mentira, Satanás, con el propósito de desviar el corazón de aquellos que no están debidamente cimentados en la verdad, aquellos que no profundizan o no arden de amor por alcanzar las promesas de Dios en cuanto a lo que a dones se refiere, no buscan ser totalmente activados y eso los deja en un punto de fácil engaño para el adversario.

Marcos 8:18 TENIENDO OJOS, ¿NO VEIS? Y TENIENDO OIDOS, ¿NO OIS?...

En este versículo entran los falsos profetas porque si me refiero a sus sentidos espirituales, los pueden tener pero deshabilitados, entonces tienen ojos pero no ve y tienen oídos pero no oyen; por consiguiente, ven y oyen lo que mejor les conviene, no buscan hablar la palabra de Dios porque no les conviene, lo más seguro es que ellos serían confrontados por Dios en lo que ellos mismos profeticen.

1.- La falta de equipamiento impide conocer la necesidad de la vista espiritual, aunque antes de eso, necesitas la fe, así como antes del don de profecía, primero debes tener el espíritu de discernimiento y para todo eso antes debe haber fe.

Hebreos 5:13-14 Porque todo el que toma sólo leche, no está acostumbrado a la palabra de justicia, porque es niño. ¹⁴ Pero el alimento sólido es para los adultos, los cuales por la práctica tienen **los sentidos ejercitados para discernir el bien y el mal**.

Ejercitar los sentidos espirituales te llevará a que puedas estar escuchando la voz de Dios constantemente, aunque quizá al principio te suceda lo mismo que le sucedió al Profeta Samuel cuando era niño; Dios lo estaba llamando y él pensó que era Elí quien lo llamaba, hasta que Elí le dijo que no era él sino que era Dios quien lo estaba llamando; a partir de ese momento pudo identificar la voz de Dios.

Es posible que tu primera experiencia con Dios en el nivel de Profeta o con el don de profecía, no sepas qué hacer, razón por la cual es necesario el equipamiento como lo estás haciendo hoy.

2.- La falta de fe para creer que se puede pedir a Dios en oración para que abra tus ojos espirituales.

Efesios 1:18 Mi oración es que los ojos de vuestro corazón sean iluminados, para que sepáis cuál es la esperanza de su llamamiento, cuáles son las riquezas de la gloria de su herencia en los santos...

Uno de los obstáculos que el enemigo utilizará es la incredulidad para impedir que tengas experiencias gloriosas con Dios donde es imprescindible la fe para seguir caminando.

3.- No tener una autoridad espiritual (cobertura) que ore a Dios para que sean abierto los ojos espirituales.

2 Reyes 6:17 Eliseo entonces oró, y dijo: Oh SEÑOR, te ruego que abras sus ojos para que vea. Y el SEÑOR abrió los ojos del criado, y miró, y he aquí que el monte estaba lleno de caballos y carros de fuego alrededor de Eliseo.

Tanto en el Antiguo como en el Nuevo Testamento puedes ver la intervención de la oración para que fueran abiertos los ojos espirituales. Por eso es importante que reconozcas autoridad espiritual en el mundo físico y eso tendrá repercusiones en ambas dimensiones; eso es por el régimen jurídico de los derechos espirituales es más real de lo que no puedes imaginar.

Por eso es muy importante que le pidas a Dios un espíritu de discernimiento y que entonces disciernas quién tiene Su autoridad delegada para que confíes en esos siervos y reconozcas paternidad en ellos sin que eso signifique que debas dejarte esclavizar y que te anulen la voluntad, porque una cosa es reconocer autoridad, paternidad y otra cosa es que alguien pretenda tenerte sojuzgado como si fueras su esclavo. La unción de Dios en Sus siervos, no es para esclavizar a ninguno, sino por el contrario, equiparlo para que siga caminando en libertad y sirviéndolo con amor.

4.- La falta de unción impide que se abran los ojos espirituales.

Apocalipsis 3:17-18 'Porque dices: "Soy rico, me he enriquecido y de nada tengo necesidad"; y no sabes que eres un miserable y digno de lástima, y pobre, **ciego** y desnudo, [18] te aconsejo que de mí compres oro refinado por fuego para que te hagas rico, y vestiduras blancas para que te vistas y no se manifieste la vergüenza de tu desnudez, **y colirio para ungir tus ojos para que puedas ver**.

Cuando has estado en el proceso de eliminar de tu vida todo aquello que es estorbo e impide que fluya todo lo que Dios ha puesto en tu vida; llega el momento en que empiezas a brillar espiritualmente hablando, así como el proceso del oro que describí anteriormente que es sometido al horno de fuego para que bote toda la basura hasta que queda lo que verdaderamente es oro; igualmente sirven los problemas que llegan a tu vida para limpiarte, para que veas lo que debes dejar y si no puedes dejarlo, el fuego de la prueba se intensifica para que salga de ti, porque al final todo es por amor, no es porque Dios te necesite, es porque Dios te ama y te quiere ver íntegro como El te hizo para que quedes óptimo para Su servicio profético.

Obviamente que, cuando la Biblia hace referencia a colirio para tus ojos, no lo hace en forma literal sino que, está refiriéndose a los ojos espirituales.

5.- La falta de liberación en alguna área de tu vida o en algún nivel, impide la apertura de la vista espiritual.

Lucas 4:18 EL ESPIRITU DEL SEÑOR ESTA SOBRE MI, PORQUE ME HA UNGIDO PARA ANUNCIAR EL EVANGELIO A LOS POBRES. ME HA ENVIADO PARA PROCLAMAR LIBERTAD A LOS

CAUTIVOS, **Y LA RECUPERACION DE LA VISTA A LOS CIEGOS**; PARA PONER EN LIBERTAD A LOS OPRIMIDOS...

Recuerda que Dios te ha llamado a que seas completamente libre, razón por la cual no debes tener comprometida ninguna de las áreas de tu vida porque de otra forma no estarás fluyendo como Dios lo desea, como Dios te ha formado desde el vientre de tu mamá.

6.- La falta de auto examen impide que se mantenga la vista espiritual activada.

Mateo 7:3-5 ¿Y por qué miras la mota que está en el ojo de tu hermano, y no te das cuenta de la viga que está en tu propio ojo? **4** ¿O cómo puedes decir a tu hermano: "Déjame sacarte la mota del ojo", cuando la viga está en tu ojo? **5** ¡Hipócrita! **Saca primero la viga de tu ojo, y entonces verás con claridad** para sacar la mota del ojo de tu hermano.

La contaminación del mundo es constante en contra de toda la humanidad, principalmente cuando eres cristiano porque lo que el enemigo busca es que no fluyas en tu llamamiento, no fluyas con el don profético que, en algún momento puede desenmascarar las obras de las tinieblas porque a Dios no lo pueden engañar, entonces El te dice qué es lo que está sucediendo para advertir a Su pueblo y que no sea presa del adversario, pero eso no le conviene a Satanás, por eso busca contaminar el don que Dios te dio, siendo suficiente razón para estarte examinando constantemente y estar seguro que no hay bloqueos de parte de las tinieblas en tu vida.

7.- Vivir con odio enceguece tus ojos espirituales.

1 Juan 2:11 Pero el que aborrece a su hermano, está en tinieblas y anda en tinieblas, y no sabe adónde va, porque las tinieblas han cegado sus ojos.

Una de las llaves más importantes en tu vida es el perdón a cualquier ofensa que te hayan hecho, sean hermanos en Cristo o inconversos, debes perdonar porque mientras te estás absteniendo de ese perdón, tienes en una cárcel espiritual a la otra persona, principalmente si esa persona te pidió perdón y no quisiste acceder; pero si esa persona no te pide perdón, perdónalo tu con todo el corazón con el propósito de no darle lugar al odio; principalmente porque si hay odio en tu corazón, obstaculiza el fluir de lo que Dios ha puesto en tu vida.

La Importancia De

Los Sentidos Espirituales

Es importante que consideres el fluir de los sentidos espirituales bajo todo punto de vista y no solamente para los que puedan tener el llamado ministerial primario de Profeta o para los que tengan el don de profecía, porque alguien puede estar fluyendo en cualquier otro llamado de Dios, pero la activación de los sentidos espirituales debes buscarla porque todo el servicio a Dios, aunque te mueves en la dimensión física, su trasfondo es espiritual, por consiguiente necesitas discernir todo lo que se mueve a tu alrededor.

También necesito mencionar otro punto importante antes de terminar con este capítulo porque creo que está muy relacionado con los sentidos espirituales; me refiero a que debes fluir con el oficio profético que puedas tener, pero congregacionalmente con el propósito que haya más gente que pueda juzgar el espíritu de la profecía, no así el vaso; son 2 puntos diferentes.

Por otro lado, en algún momento podría surgir una confusión respecto a los niveles de pureza para profetizar y que por esa misma razón no debe haber error humano; a este respecto debo decir que, como ya lo mencioné, se juzga la profecía que en determinado momento puede haber una confusión en relación a los personajes bíblicos, pero el espíritu de esa profecía está en orden, el vaso que la profetiza está en santidad pero su humanidad puede tener cierto error al confundir a los personajes, por eso no debes confundir los términos.

Otro punto de suma importancia es que, si crees que es necesario que le traslades una profecía en forma personalizada a una persona, debes sujetarte a las autoridades de la congregación y consultarle a un anciano, al pastor o la pastora y decirle cuál es el asunto, incluso trasladarle la profecía para que esa autoridad en la congregación juzgue si el Espíritu Santo le confirma que se deba entregar o no la profecía y si lo aprueba, deben estar presentes los 3: el que profetiza, la autoridad dentro de la congregación que autorizó que se trasladara la profecía en forma personalizada y la persona a la que le están entregando la profecía.

Debe haber un orden en todo momento, principalmente cuando hay gente que empieza a asistir a la congregación y tiene un fluir profético, posiblemente en la congregación donde asistían anteriormente estaban acostumbrados a otra forma de hacer las cosas, pero considero que para evitar problemas o que las tinieblas pretendan dañar el corazón de las ovejas de Dios, debe hacerse como ya lo expuse.

Dice la Biblia que Dios no hará nada sin revelárselo a Sus siervos los profetas, para lo cual este tipo de siervos debe haber pasado por el proceso de activación de los sentidos espirituales y por todo lo que ya describí como es la fe, el don de discernimiento de espíritus, el don de profecía y los demás dones, porque por eso son la boca de Dios, debe haber un equipamiento ministerial que podría involucrar el hecho de ser un Maestro de la palabra el cual indaga lo que recibe de parte de Dios y lo confirma en la Biblia como parte de su autoexamen, no por poner en duda la palabra de Dios, sino para confirmarse a sí mismo, recuerda que un Profeta también debe ser Maestro de la palabra de Dios.

Otro punto importante es que alguien podría tener el don de profecía, como ministro primario o sin ser ministro primario; pero de pronto resulta que lo alcanzó el pecado de cualquier tipo y en lugar de confesarlo, lo pretende ocultar sin saber que además de saberlo Dios, lo saben muchas personas que no le aceptan la profecía cuando esa persona está fluyendo, lo cual humanamente hablando podrían tener razón; sin embargo debes recordar que Dios usa a quien El quiere en el momento que así lo decide.

Pero si esa persona insiste en estar jugando con el pecado y cree que no le está afectando su privilegio, debe saber que en cualquier momento Dios lo llamará para pedirle cuentas del por qué descuidó su vida y permitió que fuera contaminada, peor aun, no buscó la ayuda correspondiente, no confesó, ni se apartó para alcanzar misericordia, sino que la soberbia lo encegueció espiritualmente hablando; pero eso no significa que esa congregación no tenga el fluir del Espíritu Santo o que no haya quien tenga los sentidos espirituales activos. Dios es quien tiene el control de todo y si alguien cae en pecado, El puede restaurarlo al privilegio en que le sirve porque es Dios el único que puede discernir los corazones a profundidad, por eso no debes juzgar los vasos sino, es espíritu de la profecía.

Debo insistir en la importancia de tener los sentidos espirituales activados de parte de Dios, tener esa convicción en el espíritu humano para que en determinado momento, pueda ver lo que sucede en el mundo espiritual y no dejarse influenciar por lo que ven sus ojos físicos y pretender profetizar por lo físico y no por lo espiritual; además que si la persona que tiene el fluir profético tiene sueños, si son de Dios, El le dará la interpretación sin lugar a dudas.

Por eso, cuando te dispones a dormir, debes descontaminar tu vida de cualquier cosa que el enemigo haya pretendido lanzarte para que no estés influenciado negativamente y que de esa manera sueñes cosas que son producto de la contaminación y consecuentemente contamines a otros al momento de compartirlo. Es importantísimo que guardes tu vida con celo de Dios, que comprendas que eres totalmente especial para El y que por eso te escogió para que fluyeras proféticamente.

Por eso debes llevar presente en tu corazón que dentro de la activación de los sentidos espirituales, está el círculo del Profeta en 3 puntos que ya los expliqué pero quiero dejarlos mencionados aquí para que tengas la oportunidad de volver a estudiarlo:

1. **Revelación** – aquí es Dios trasladando una visión a tu cerebro específicamente al lugar donde le corresponde.

2. **Interpretación** – esto primero lo entrega Dios a tu corazón y después a tu mente.

3. **Ejecución** – es el momento cuando Dios permite que sea trasladado el significado de determinado asunto, sea esto incluso en modalidad de sueño.

Si tienes una visión y no la explicación, debes esperar que llegue el momento justo cuando Dios te la envíe porque así como te dio la revelación, te dará la interpretación con el propósito que primero seas tú el que reciba esa bendición y te dirá el momento de trasladarla a Su pueblo. Si no esperas el momento justo para cada punto, estarás formulando cosas producto del humanismo. Por eso es importantes que estés en constante comunión con Dios para saber qué hacer a cada momento de tu vida, incluso si debes interceder por otra persona por la que quizá tuviste un sueño, debes hacerlo, quizá no es tanto de interpretar de inmediato, sino de orar.

La Dimensión Sensitiva del Vidente

CAPÍTULO 7

Cuando estudias la unción profética que se movió en el Antiguo Testamento, puedes ver que hubo un grupo de personas siervos de Dios que fueron llamados Videntes, de los cuales quiero hacer un paralelismo juntamente con lo que hoy es un Profeta, también ver en qué momento se dejó de llamar Vidente y empezó a reconocerse como tal lo que era un Profeta y que hoy igualmente ha llegado a ser el ministerio primario de Profeta, aunque sin hacer a un lado la unción profética que puede haber en gente con el don de profecía.

Otra de las cosas que vas a aprender es que dentro de lo que es la esfera profética, donde entra en escena el Vidente y el Profeta, existen características muy específicas de cada uno porque son 2 oficios diferentes.

La base bíblica que utilizaré en este momento para empezar con el desarrollo de este capítulo, es la siguiente:

1 Samuel 9:9 (Antiguamente en Israel, cuando uno iba a consultar a Dios, decía: Venid, vamos al vidente; **porque al que hoy se le llama profeta, antes se le llamaba vidente.**)

Considero que teológicamente se introdujo al cano bíblico esta aclaración que estoy resaltando, porque se hacía una distinción entre el Vidente y el Profeta.

Isaías 29:10 Porque el SEÑOR ha derramado sobre vosotros espíritu de sueño profundo, El ha cerrado vuestros ojos: **los profetas**, y ha cubierto vuestras cabezas: **los videntes**.

Con este versículo puedo comprobar que para Dios existen diferencias entre uno y otro; aunque ambos están en el mismo fluir de lo profético, tienen diferentes características. Por eso es importante comprender la respuesta a estas interrogantes:

- ✓ **¿Por qué en la antigüedad eran llamados videntes y hoy profetas?**

- ✓ **¿Por qué dejaron de ser llamados videntes?**

Esto tiene una razón que a continuación explicaré, porque como debes saber, en el Nuevo Testamento ya no se menciona el Vidente. Realmente si lo ves objetivamente, no fue Dios quien lo dictó de forma directa, aunque también debes saber que es El quien dirige las cosas y si sucedió como así fue porque El lo quiso por los puntos que a continuación te describiré:

Primero: Por razones de la evolución del lenguaje hebreo.

La palabra Vidente y la palabra Profeta se unificaron y fueron nombradas como si fueran parte de un mismo oficio ministerial.

Cuando estudias el idioma hebreo, puedes notar que en sus orígenes eran símbolos, por ejemplo, lo que se conoce como la letra Alef, era solamente una imagen o dibujo de un buey, la letra Bet, era el dibujo de una casa, etc., pero después se convirtieron en figuras, por eso el alefato hebreo moderno es muy diferente al antiguo.

Esto mismo dio lugar a que, por la evolución del idioma, cambio en determinado momento de videntes a profetas.

Segundo: Videntes y profetas tienen el mismo llamado.

Es decir que, tanto el Profeta como el Vidente, se les atribuye el mismo oficio.

Tercero: Videntes y profetas, cada uno tiene sus distintivos.

Es decir, como distintivos cada uno recibe la revelación del Señor para funcionar de manera diferente, pero ambos dentro de la esfera profética. Por supuesto que, cuando escuchas fluir a una persona bajo la unción profética, no puedes distinguir si es Vidente o Profeta, simplemente dices que es Profeta, sin embargo existen diferentes características. Eso significa que los videntes continuaron ministrando en Israel, no fueron desestimados, sino que, simplemente hubo un cambio en las tendencias de la lengua como ya lo expuse.

Lamentablemente el término Vidente lo usan con toda libertad sectas que no tienen nada que ver con Dios, es más, podría decir que son enemigos de Dios por cuanto tienen total inclinación a la santería, satanismo, etc., suelen decir que los psíquicos, esotéricos es un sinónimo de decir Vidente, pero realmente el término dejó de usarse dentro del pueblo de Dios en la antigüedad, después en la época moderna, puedo decir que por la falta de conocimiento se dejó de usar, principalmente cuando empezó a propagarse la idea que era un término usando por brujos.

Es interesante que, algunos profetas, ministros de primer orden, una de las formas de trasladar las profecías que Dios les envía, primero es por mandato de Dios en calidad de portavoz, dicen exactamente lo que El les dice que digan y entonces dicen: **así dice el Señor...** pero también dicen de otra manera cuando es por medio de visiones que Dios les está mostrando: **tengo una visión... el Señor me está mostrando...** en ese momento puedo decir que la gente que se conoce como Profeta, está fluyendo como Vidente.

Algo que me puede servir mucho en este punto es lo siguiente:

✓ **Teológicamente he sentado que, se debe aplicar la ley de la primer mención en la Biblia.**

Esto es un principio teológico que está direccionado en orden de poder interpretar adecuadamente una palabra; con esto debo decir que es necesario hacerlo en la base de la primer vez que se mencionó en la Biblia esa palabra, de tal manera que en esa primera vez está sentada la originalidad de lo que debe ser en funciones y diseños, y a partir de ese momento, así debe ser en lo sucesivo.

✓ **¿Quieres saber cuál fue el propósito original de un Vidente?**

Debes estudiar en la Biblia el momento cuando se mencionó por primera vez y el principio que el Espíritu Santo te muestre, deberás aplicarlo en las veces que lo vuelvas a encontrar en la Biblia para tener la debida interpretación.

Los Rasgos Particulares y Distintivos De Los Videntes y Los Profetas

Para continuar con el tópico que desarrollaré aquí, necesito volver a mencionar la cita base:

1 Samuel 9:9 (Antiguamente en Israel, cuando uno iba a consultar a Dios, decía: Venid, vamos al vidente; porque al que hoy se le llama profeta, antes se le llamaba vidente.)

Dentro de la esfera profética es necesario definir lo que constituye a un Vidente y lo que constituye a un Profeta, muy específicamente lo que los forma, a eso llamaré: **los rasgos particulares y distintivos,** aunque ambos fluyen dentro de la atmósfera profética.

DEL PROFETA

- ✓ **Lo que el Profeta mira y profetiza**, es la visión en la imaginación del hemisferio derecho.

- ✓ **Lo que el Profeta oye y profetiza**, es a consecuencia de los sentidos espirituales desarrollados, que pueden ser los 5.

- ✓ **Lo que el Profeta siente y profetiza,** es por inspiración de las revelaciones de Dios.

- ✓ **Lo que el Profeta entiende y profetiza**, es por el entendimiento de significados de señales, por ejemplo: varas, yugos, cintos, rollos, etc.

Todo esto se le llama dimensión sensitiva del Profeta, son sus rasgos particulares y distintivos, lo cual Dios permite que esté precisamente en Sus siervos los profetas, es parte de lo que tienen para ser identificados.

DEL VIDENTE

La palabra Vidente describe una característica particular de Profeta que recibe una clase particular de revelación o impartición.

El Antiguo Testamento usa mayormente dos palabras para referirse al vidente, ra'ah y chozeh.

- ✓ **Ra'ah significa literalmente:** ver, particularmente en el sentido de ver visiones.

- ✓ **Chozeh significa literalmente**: un observador en visión, y puede ser traducido también como, contemplador u observador de estrellas.

Habiendo ya definido estos términos, la diferencia entre el Profeta (nabiy') y Vidente (ra'ah o chozeh) se torna un poco más claro, y puedes ver entonces que a un Vidente lo primero que se le activaban eran los ojos espirituales.

- ✓ Los verdaderos videntes son profetas.

- ✓ Pero no todos los profetas son videntes.

- ✓ La palabra Vidente describe una característica particular de un Profeta que recibe una específica clase particular de revelación o impartición.

Cuando una persona intenta explicar las visiones que tiene por el don que ha recibido, difícilmente logrará comprenderlo la persona a quien se lo está explicando porque seguramente, quien pregunta no tiene el entendimiento adecuado, no tiene el receptor profético para recibir lo que otra persona percibe en una atmósfera profética.

El Vidente que se desarrolla con el don profético, tiene una unción especial de parte de Dios; por eso es importante que la gente bajo este impacto profético, busque ayuda en un ministro de Dios antes que el adversario lo engañe y lo hunda en tinieblas de confusión. En realidad es una gran responsabilidad el ser Vidente como el hecho de ser Profeta, aunque, como ya lo mencioné, cada uno tiene características diferentes, el Vidente tiene visiones por medio de sus ojos espirituales mientras que el Profeta tiene una visión por medio de lo que se activa en el hemisferio derecho de su cerebro, ahí lo pone Dios para que se desarrolle la visión.

- ✓ **Cuando se trata de revelación profética:** un Profeta es primeramente un oidor inspirado y luego un portavoz.

- ✓ **Cuando se trata de un Vidente**: es principalmente un visualizador.

En otras palabras, el Profeta tiene una dimensión comunicativa y el Vidente una dimensión receptiva que ve más allá de lo que otro puede ver; básicamente esto puedo considerarlo como las características distintivas de cada uno. Aunque ambos deben ser muy espirituales, el Vidente debe tener el cuidado de discernir adecuadamente lo que ve porque no le están diciendo qué es lo que debe decir, sino que, debe decir lo que está viendo pero de una forma interpretativa.

La Dimensión Sensitiva del Vidente

Con todo lo que hasta ahora has podido ver, puedo decir que uno de los propósitos de Dios es que haya un verdadero equipamiento ministerial hacia gente que desea fluir en lo profético. Cuando hago un análisis respecto a lo que hasta hoy Dios me ha permitido enseñarte en este libro, debo decir que nunca antes había sentido tanta unción para trasladar la enseñanza profética, pero también comprendo debió ser ahora que es el final de los tiempos porque Dios desea levantar gente que profetice pero que traslade lo que El desea decirle a Su amada Iglesia, que tenga activado y cuidado el don de discernimiento para que pueda trasladar la respectiva interpretación de las visiones, entonces puedo decir que tanto la unción de un Vidente como la de un Profeta son importantísimas para este tiempo.

- ✓ **Nabiy':(Profeta)** Significa la actividad de un Profeta en hablar un mensaje de Dios. Describe la relación del **Profeta con el pueblo.**

- ✓ **Ra'ah y chozeh: (Vidente)** Se concentran en la experiencia a través del cual el Profeta ve o percibe ese mensaje. Describe la relación del **Profeta con Dios.**

Los videntes eran comúnmente servidores en la corte real como consejeros del rey, por ejemplo:

Asaf y Gad eran videntes de la corte del rey David. Debes considerar y comprender que no eran personas que estuvieran contaminados con la política del mundo bajo ningún punto de vista, sin embargo, los gobernantes los consideraban gente sabia y que podían recibir un consejo de parte de ellos porque estaban constantemente en comunión con Dios.

Pero considera también que no solamente tenían comunión con Dios porque El les podía trasladar un mensaje para que fungieran en calidad de portavoz, sino que, les presentaba una visión para que la interpretaran antes de dársela al pueblo de Dios lo cual puedo decir que era muy delicado porque podían tergiversar las cosas y hablar de más o de menos si no estaban lo suficientemente consagrados; por supuesto que Dios es poderoso para corregir el trabajo de Sus siervos en el momento justo, pero por la misma comunión que ellos tenían con Dios, hablaban con la sabiduría del cielo.

2 Crónicas 29:30 Entonces el rey Ezequías y los príncipes dijeron á los Levitas que alabasen á Jehová por las palabras de David y de **Asaf vidente**: y ellos alabaron con grande alegría, é inclinándose adoraron.

Es muy interesante que haya siervos de Dios, salmistas que inmediatamente después de estar adorando a Dios, entran a la atmosfera profética y empiezan a profetizar; lo que me deja ver entonces que en la dimensión en la que Dios les permitió entrar en ese preciso momento, les recibe su adoración y les entrega un mensaje para la Iglesia.

2 Samuel 24:11 Y por la mañana, cuando David se hubo levantado, fue palabra de Jehová á **Gad profeta, vidente** de David, diciendo...

Con este versículo puedo decir que no es lo mismo un Profeta y un Vidente, porque de otra forma, ¿cómo diría la Biblia que Gad tenía los 2 oficios si fueran lo mismo?, cada uno tiene un privilegio diferente y asombroso.

Hasta este punto y con lo que ya pudiste ver, podría decir que cuando es el momento de la profecía, considero que ya puedes distinguir cuando alguien fluye bajo la unción de Profeta y cuando fluye bajo la unción de Vidente, considerando los criterios ya expuestos.

LA ILEGALIDAD PARA VER EL REINO ESPIRITUAL

Es necesario saber que existen siervos de las tinieblas que pueden ver el mundo de los espíritus pero de forma ilegal, porque no puedo negar que existen sectas, cultos incluso brujos que pueden ver el reino espiritual como si fueran un Vidente de Dios, pero no lo son. Por eso considero necesario mencionar algunos puntos muy importantes que continuaré desarrollando.

¿QUÉ ES UN VIDENTE?

De manera simplificada un Vidente es un hombre o mujer de Dios, que puede ver en la dimensión del reino espiritual. Los videntes pueden ver legalmente en esa dimensión, todo lo que se mueve paralelamente a la dimensión física, es decir que en el mismo tiempo en que ve con los ojos físicos lo que todos pueden ver, de forma paralela puede ver en el mundo espiritual todo lo que está sucediendo en el mismo momento.

En el mundo del ocultismo, quienes miran la dimensión espiritual son los médium, los psíquicos, los espiritistas, los brujos etc., pero lo hacen ilegalmente, porque la legalidad está en el pacto que tienes con Dios, porque reconociste a Jesús como Señor y Salvador, porque crees firmemente en que Jesús es Dios y es el Hijo de Dios y muchas otras cosas que te acreditan esa legalidad.

Tú estás siendo adoctrinado mientras que los que actúan ilegalmente viendo el mundo de los espíritus es porque reciben los secretos de Satanás, son gente que tiene pacto con el diablo, ellos tienen culto y forman parte de la Iglesia de Satanás, mientras que tú formas parte de la Iglesia de Cristo.

Juan 10:1 En verdad, en verdad os digo: el que no entra por la puerta en el redil de las ovejas, sino que **sube por otra parte**, ése es ladrón y salteador.

Jesús hizo referencia a que el reino de Satanás le revela del mundo espiritual a sus obreros con por otra vía o forma, no la correcta, no la única puerta que es el Señor Jesucristo.

MANERAS ILEGALES DE VER EL MUNDO ESPIRITUAL

- ✓ Por medio de pactos con el reino de las tinieblas.

- ✓ Por medio de ritos para alterar la glándula pineal.

La glándula pineal se altera a través del uso de fármacos, drogas o cualquier sustancia que entorpece el razonamiento de una persona y por movimientos del cuello de manera frenética y violenta, sacudir la cabeza con fuerza para provocar mareos de manera intencional.

Cristo hizo una referencia en Mateo 6 acerca del significado de la glándula pineal:

Mateo 6:23 (LBA) Pero si tu **ojo** está malo, todo tu cuerpo estará lleno de oscuridad. Así que, si la luz que hay en ti es oscuridad, ¡cuán grande no será la oscuridad!

Ojo – Ayin: esto significa entendimiento, de manera que el ojo es un canal de entendimiento de cosas ocultas.

Por eso debes cuidar tu vida y saber que eres un receptor que puede llenarse de bendiciones o maldiciones, dependiendo al servicio de quién pones tu vida; el ojo puede ser entonces el entendimiento de luz o de tinieblas.

En la antigüedad se refería al ojo que todo lo ve, esto era una creencia mística y esotérica. Los psíquicos creen en ese ojo.

La glándula pineal se encuentra en el centro diametral del cerebro y ha sido considerada por los místicos como el órgano de percepción espiritual.

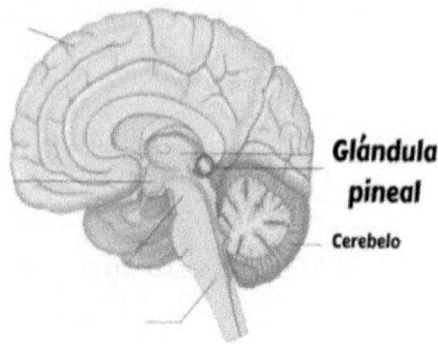

Esta pequeña glándula se encuentra directamente debajo de las dos mitades del cerebro en la parte superior de la médula espinal. Se encuentra arriba de la vértebra 33, número que incluso es un grado masónico que representa poderes místicos negativos.

Es interesante que, la secta de los masones, dentro de lo que podría considerarse como su propio equipamiento, llevan grados del 1 hasta el 33. Cuando llegan al grado 33, es como una forma de graduación y es el momento cuando les enseñan cómo se activa la glándula pineal.

Los místicos, sean esotéricos, espiritistas etc., han creído durante mucho tiempo que si la glándula pineal logra cobrar el más alto nivel, puede catapultar a la persona en un alto nivel de la esfera espiritual.

En esta imagen puedes ver a la derecha como el acercamiento donde está la glándula pineal en el centro diametral del cerebro, mientras que en la parte izquierda, está un dibujo encontrado por arqueólogos que descubrieron antigüedades en Egipto, esto significa por qué es entonces el ojo que todo lo ve y es la puerta a la que se refiere **Mateo 6:23** en relación a la puerta ilegal que puede tener acceso a ver el mundo espiritual pero de forma ilegal.

En la brujería, cuando los brujos quieren encender esa glándula que está apagada en todo ser humano, toman brebajes o hacen movimientos bruscos con sus cabezas, a manera de marearse con lo que se les activa la glándula pineal y con eso pueden ver el mundo espiritual.

La glándula pineal y el ojo que todo lo ve, puedes verla en el billete de un dólar, ahí está el ojo que todo lo ve; lo que ellos argumentan con eso es que ese ojo representa un sentido más con el que se puede ver, pero eso obviamente no es de Dios. En la otra imagen puedes ver el logotipo de la secta de los masones. Todo esto es conocimiento del ocultismo que representa la glándula pineal y que representa en lo que han dado a llamar, el ojo que todo lo ve.

Es muy lamentable que hasta hoy día, haya gente que en medio de la ministración del alma, han reconocido que visitan lugares de brujería, me refiero a cristianos, no estoy hablando de gente del mundo sino, gente de la Iglesia de Cristo que le dan crédito a brujos o brujas que les hablaron con la verdad según ellos porque invocaron espíritus de adivinación y les dijeron cosas que solamente ellos podían confirmar.

Expliqué todo esto para poder marcar la diferencia de los que ven el reino espiritual entre los videntes y los psíquicos, es decir, los que lo hacen de forma legal y los ilegales.

Volviendo a los distintivos de los videntes y profetas, ahora puedes ver de forma práctica el significado de la comunicación de Dios en la esfera profética.

Los Videntes

En el Antiguo Testamento se mencionan 9 videntes de manera personal. Incluso hay muchos otros en la Biblia que en algún momento operaron como videntes, por ejemplo: Balaam, Eliseo, Daniel y Zacarías, aunque nunca llevaron el título de videntes, sólo a 9 personas les fue reconocido el oficio y llamado de vidente.

A continuación describiré las bases bíblicas de los nombres que operaron como videntes y de la posición principal que ocupaban en su vida:

- **Samuel en 1 Crónicas 29:29**

Gobernó en una época y ungió reyes.

- **Gad en 1 Crónicas 29:29**

Hablaba a los reyes de parte de Dios.

- **Sadoc en 2 Samuel 15:27**

Descendiente sacerdotal.

- **Hananí en 2 Crónicas 16:7**

Hablaba a los reyes de parte de Dios.

- **Iddo en 2 Crónicas 9:29**

Consejero de gobierno, sacerdote principal y nieto de Samuel.

> **Sacerdote Amós en Amós 7:12**

Sacerdote.

> **Asaf en 2 Crónicas 29:30**

Director de alabanza.

> **Jedutún en 2 Crónicas 35:15**

Director de alabanza.

> **Hemán en 1 Crónicas 25:5**

Recogedor de higo de sicómoro, pastor de ovejas, líder de alabanza, autor del Salmo 50, 73 al 83, y 88.

- ✓ Un tercio de ellos estaban orientados al gobierno o reinos, otros al comercio (empresarios).

- ✓ Otro tercio eran líderes de alabanza.

- ✓ Y otro porcentaje de ellos se ocupaban en el ministerio sacerdotal.

VIDENTES POR HERENCIA GENERACIONAL

Como puedes notar, Hananí está dentro de los 9 nombres de videntes reconocidos en la Biblia; fue padre del Profeta Jehú, con lo cual puedo decir entonces que de alguna forma Dios permite que la unción de vidente sea trasladada generacionalmente.

1 Reyes 16:1 Y la palabra del SEÑOR vino a Jehú, hijo de Hananí, contra Baasa, diciendo:

1 Reyes 16:7 También fue la palabra del SEÑOR por medio del profeta Jehú, hijo de Hananí, contra Baasa y su casa, no sólo por todo el mal que hizo ante los ojos del SEÑOR, provocándole a ira con la obra de sus manos, siendo semejante a la casa de Jeroboam, sino también por haber destruido a ésta.

Un punto que debes considerar es que, cuando engendras un hijo o una hija, el **ADN** que está en ellos, no es solamente de la parte física, sino también espiritual, de tal manera que en algún momento empezará a fluir, dará los frutos que Dios les permita y te empezarán a seguir en aquello que haces en la obra de Dios.

Por eso no debes asombrarte, aunque si debes agradecer a Dios, el hecho que tu descendencia tenga tendencia de buscar a Dios con desesperación, con un amor, incluso mayor que el tuyo, porque ellos llevan memoria de la misericordia de Dios a tu vida, adicionalmente a lo cual están conscientes que han recibido en forma directa a sus vidas, todo eso se ha potencializado en sus corazones para que su amor hacia Dios sea como un fuego ardiente y constante.

La Comunicación De Dios En La Esfera Profética

Dios se comunica con los profetas por medio de visiones, lo que ya mencioné respecto a la imaginación en el hemisferio derecho.

Dios se comunica con los videntes por medio de visiones abiertas y sueños, como de muchas otras maneras; es una vista espiritual desarrollada o por el don de discernimiento.

- ✓ Ejemplo, Samuel el profeta y vidente, él tenía visiones y hablaba la Palabra de Dios a otros.

- ✓ Por eso es importante distinguir entre profetas y videntes.

Aquí hay un ejemplo de la escritura que deja ver los 2 términos diferentes:

1 Crónicas 29:29 Los hechos del rey David, desde el primero hasta el último, están escritos en las crónicas del **vidente Samuel**, en las crónicas del **profeta Natán** y en las crónicas del **vidente Gad**...

Dios permite que veas este ejemplo por la distinción que existe entre Samuel y Gad como videntes y a Natán como Profeta, si Dios permite que veas esa diferencia, entonces es importante conocerla.

Además de eso, cuando analizas a Gad, puedes ver que era descendiente de esa misma tribu, con el privilegio de que al ser Vidente, lo acreditaba también como Profeta. Debo mencionar esto nuevamente para tener claro el panorama:

- ✓ **Todo Vidente es Profeta, pero no todos los profetas necesariamente son videntes.**

Además de eso, al ser de la tribu de Gad, obviamente tenía genética de Israel, pero Gad se caracterizó por ser de la tribu de donde salieron los guerreros más poderosos; incluso es esta la tribu de la cual dice la Biblia que en medio de la batalla, se les pegaban las manos a las espadas por la sangre de sus enemigos, tenían rostro como de león, saltaban los montes como gacela.

Entonces, de acuerdo al versículo anterior, Gad era Vidente y Profeta, pero también era guerrero de Israel; esto sin contar que un Vidente, para tener esa comunión con Dios, debe ser intercesor, debe ser una persona de oración constante porque de otra forma, ¿cómo puede tener visiones de parte de Dios?, ¿cómo podría interpretar las visiones divinas?

Esto me deja ver entonces que el final del tiempo en el cual hoy vives, Dios está permitiendo un equipamiento total porque es necesario que te levantes en el nombre de Jesús como todo un guerrero espiritual con las armas de luz que te está proveyendo y ser muy diestro con ellas, por supuesto espiritualmente hablando, pero aunque la batalla sea espiritual, tendrá repercusiones en el mundo físico.

- ✓ **Un Profeta tiene el don para oír y proclamar la palabra del Señor**, aunque no necesariamente funciona en la capacidad de revelación de visión como lo tiene el vidente.

- ✓ **El vidente tiene la habilidad en los sueños y las visiones,** aunque no sea tan profundo en los dones de oír y hablar.

LA DIMENSIÓN SENSITIVAS DEL VIDENTE

La Dimensión Sensitiva del Vidente

En la operación profética, los videntes son hombres o mujeres que ven visiones de una manera constante y regular.

1. La dimensión del Vidente es más visual que auditiva.

2. En vez de oír palabras que pueda repetir, el Vidente ve más imágenes que describe de acuerdo a lo que Dios le permite que discierna.

3. Recibe imágenes en forma de visiones cuando está despierto o sueños cuando duerme.

4. Los videntes profetizan de lo que ellos han visto.

5. Los videntes primero reciben información, para después entregar la interpretación.

6. Sin embargo, el Profeta y el Vidente son siervos de Dios de la dimensión profética que tienen el mismo objetivo: hablar lo que Dios entrega para exhortar, edificar y consolar a la Iglesia de Cristo.

1 Corintios 14:3 Pero el que profetiza habla a los hombres para edificación, exhortación y consolación.

- ✓ El que profetiza no debe salirse de esos parámetros.

LAS ORACIONES PARA QUE SURJAN LOS VIDENTES

Como último punto en este capítulo, es necesario orar para que surjan los videntes e identificarlos por la guianza del Espíritu Santo.

La oración apostólica para que surjan los videntes la puedes ver en esta cita:

Efesios 1:17-18 (Amplificada) [Siempre oro] para que el Dios de nuestro Señor Jesucristo, el Padre de gloria, les conceda un espíritu de sabiduría y de revelación [que les dé una visión profunda, personal e íntima] del verdadero conocimiento de Él [porque conocemos al Padre por el Hijo]. **18 Y [oro]** que los ojos de tu corazón [el mismo centro y núcleo de tu ser] sean iluminados [inundados con luz por el Espíritu Santo], para que conozcas y aprecien la esperanza [garantía divina, la esperanza confiada] a la que os ha llamado, las riquezas de su gloriosa herencia en los santos (pueblo de Dios)…

Este es el ejemplo que puedo ver en la Biblia en relación a la actitud que debe haber en un Apóstol a favor de aquellos que están buscando la llenura del Espíritu Santo para que sigan el proceso necesario hasta dar a luz lo que Dios tiene para ellos.

La oración profética para que surjan los videntes la puedes ver en esta cita:

2 Reyes 6:15-17 Y cuando el que servía al hombre de Dios se levantó temprano y salió, he aquí que un ejército con caballos y carros rodeaba la ciudad. Y su criado le dijo: ¡Ah, señor mío! ¿Qué haremos? **16** Y él respondió: No temas, porque los que están con nosotros son más que los que están con ellos. **17 Eliseo entonces oró**, y dijo: Oh SEÑOR, te ruego que abras sus ojos para que vea. Y el SEÑOR abrió los ojos del criado, y miró, y he aquí que el monte estaba lleno de caballos y carros de fuego alrededor de Eliseo.

Los dones deben fluir de manera espontanea obviamente, de acuerdo a los propósitos que Dios tiene para la vida de cada uno de Sus siervos, pero en cada ministro que pueda estar al frente de cada congregación, debe existir el deseo porque surjan cada vez más siervos con dones desarrollados como un Vidente, anhelar una compañía de videntes de

Dios para que fluyan como lo hacían en el Antiguo Testamento, y que ahora, en un nuevo pacto, haya un mayor deseo por tener visiones de Dios, pero también un ardiente deseo por consagrarse a Él para cerrarle toda oportunidad al enemigo y no pueda contaminar los vasos de honra que Dios usa para propósitos proféticos.

Biblioteca De Guerra Espiritual Para Combatientes De Liberación

ESCUELA DE INTERCESORES
SEGUNDO NIVEL

DR MARIO H. RIVERA

ESCUELA DE INTERCESORES
PRIMER NIVEL

APÓSTOL MARIO H. RIVERA

Biblioteca de Guerra Espiritual

Serie: Equipamiento Integral
Para Combatientes De Liberación #9

LA PALESTRA DEL
GUERRERO
ESPIRITUAL

Dr. Mario H. Rivera
Pastora Luz Rivera

Llamados a Conquistar

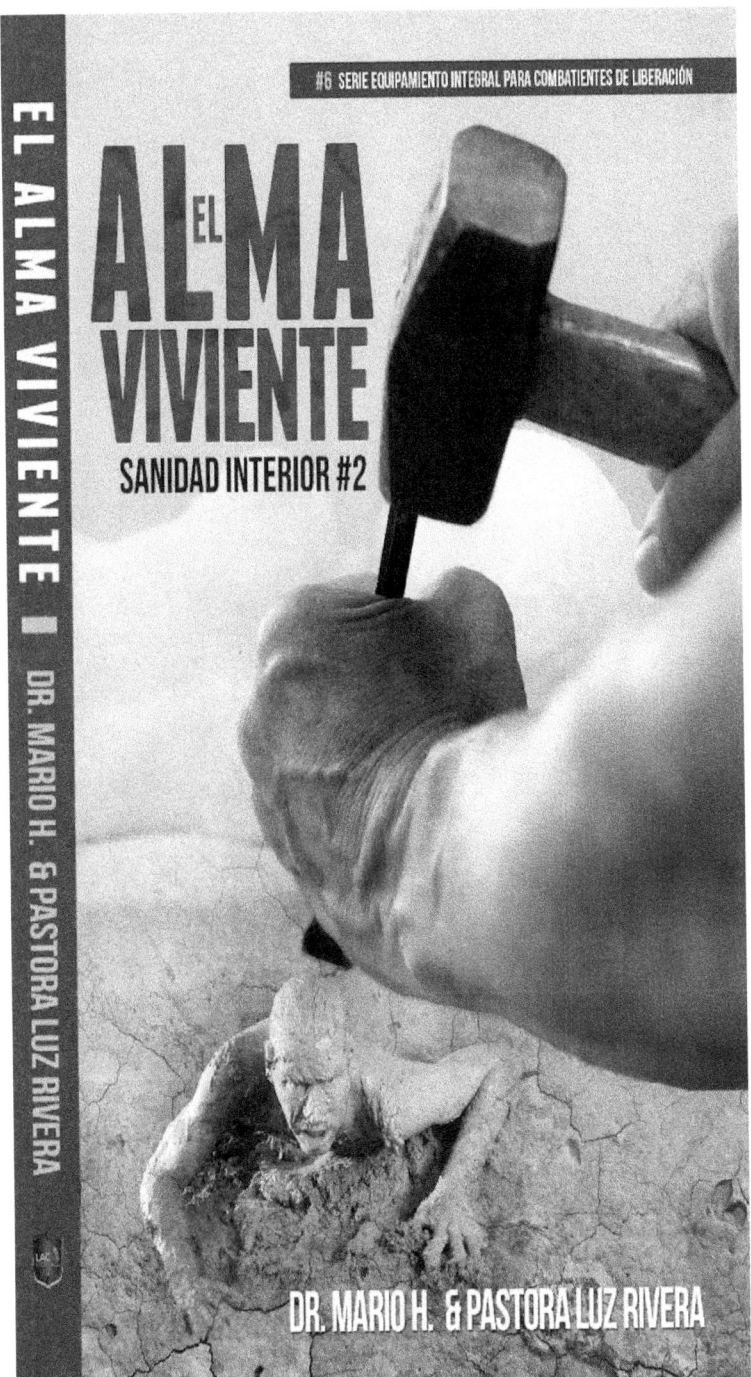

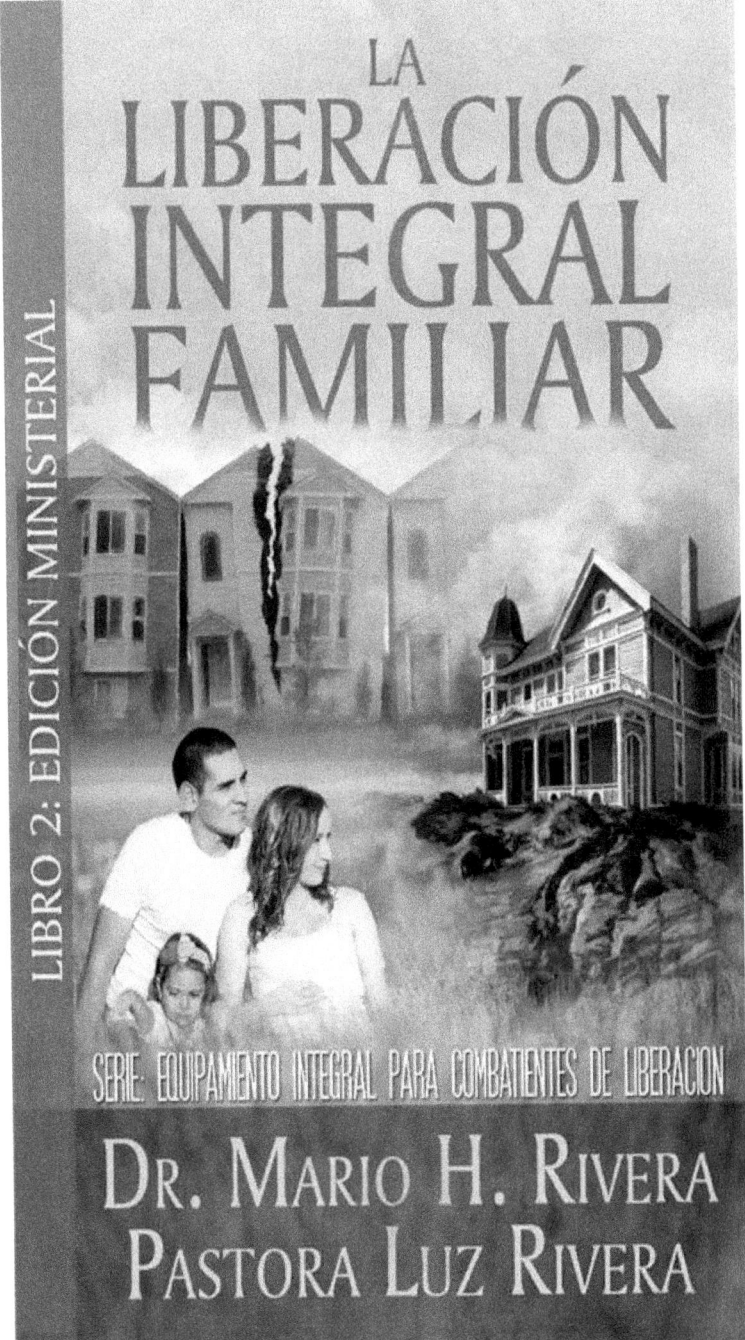